MICHAEL HLATKY (HRSG.)

WEIDMANNSHEIL!

Stocker

Michael Hlatky (Hg.)

WEIDMANNSHEIL

Jagdliche Meistererzählungen

3. Auflage

Leopold Stocker Verlag
Graz – Stuttgart

Umschlaggestaltung: Atelier Geyer, Judendorf-Straßengel
Umschlagfoto: Günther Schumann

Die Deutsche Bibliothek – CIP-Einheitsaufnahme

Weidmannsheil : Jagdliche Meistererzählungen / Michael Hlatky (Hrsg.). – Graz ;
Stuttgart : Stocker, 1995
ISBN 978-3-7020-1277-9
NE: Hlatky, Michael [Hrsg.]

ISBN 978-3-7020-1277-9

Printed in Austria
Druck: Druckerei Theiss GmbH, A-9431 St. Stefan

Inhaltsverzeichnis

Vorwort

Jagd – welch eine Faszination liegt in diesem Wort! Jahrtausendelang hing vom Erfolg des Jägers das Überleben von Familie, Sippe und Gemeinschaft ab. Erst mit dem Seßhaftwerden des Menschen begann und vollzog sich die Trennung in Menschen, die der Jagd nachgingen, und in solche, welche ihren Lebensunterhalt durch Ackerbau und Viehzucht sicherten. Damit nahmen aber auch die ersten Konflikte zwischen Jägern und Nichtjägern ihren Anfang.

Dieses Buch mit ausgewählten jagdlichen Meistererzählungen dokumentiert deutlich die Veränderungen des Jagdverständnisses. Während etwa vor 1900 die Ausübung der Jagd noch weitgehend der Aristokratie und dem begüterten Bürgertum vorbehalten war, ist es heute jedermann – nach Ablegen der erforderlichen Prüfungen – möglich, sich der Jagd zu widmen. Trotz immer besserer Ausbildung wird das Bild des Jägers in weiten Teilen der Bevölkerung dennoch von negativen Vorurteilen geprägt.

Gute Jagderzählungen vermögen den Jäger in der Öffentlichkeit ins rechte Licht zu rücken. Leider haben seit Friedrich von Gagern im deutschsprachigen und Ernest Hemingway im angelsächsischen Raum nur selten ernstzunehmende Literaten den Versuch unternommen, sich mit dem Thema „Jagd“ auseinanderzusetzen. Vorwiegend schreiben Jäger ihre jagdlichen Erinnerungen für andere Jäger nieder. Auch fehlt weitgehend das Bekenntnis zur Jagd bei Meinungsbildern wie Politikern, Künstlern und anderen Persönlichkeiten des öffentlichen Lebens, die die Jagd zwar oft mit höchster Passion ausüben, ihre Leidenschaft dafür aber als strikte Privatangelegenheit möglichst geheimhalten.

Jede Auswahl zieht zwangsläufig eine Wertung nach sich, so auch die in diesem Auswahlband aufgenommenen Jagderzählungen.

Damit die Bevorzugung einzelner Autoren vermieden wird, sind die Erzählungen gemäß dem Namensalphabet ihrer Verfasser geordnet. Ferner wurde versucht, der Vielfältigkeit der Jagd im Hinblick auf die wichtigsten jagdbaren Wildarten gerecht zu werden.

Nach jeder Erzählung findet sich eine Kurzbiographie des betreffenden Autors und im Literaturverzeichnis der Hinweis, aus welchem Buch die Erzählung stammt.

Ich wünsche Ihnen beim Lesen viel Freude und ein

herzliches Weidmannsheil!

Michael Hlatky

Breitenhilm, Frühjahr 1995

Wolfgang Freiherr von Beck

Der „Sacktuchhirsch"

Eines Morgens, es muß so um den fünften Oktober herum gewesen sein, ereignete sich dann das Unglaubliche, gänzlich Unerwartete. Das alltägliche Schauspiel – oder besser Hörspiel – war ganz in der gewohnten Weise über die Bühne gegangen. Der Hirsch war mit dem Rudel längst im Nachbarrevier, meldete eifrig und verschwieg ums Tagwerden. Mein Bruder, bar jeder Hoffnung und Erwartung, blieb trotzdem in seinem Durchlaß sitzen. Der heraufziehende Tag versprach ein besonders schöner zu werden, zum Heimgehen noch viel zu früh. Da bleibt man gern noch ein Weilchen sitzen und hängt seinen Gedanken und Träumen nach.

Wie muß da der besinnliche Jäger im Bahndurchlaß zusammengefahren sein, als urplötzlich ein markerschütternder Donnerschrei in den runden Steinbogen hereindröhnte! Beinahe hätte er vor Schreck die dicht neben ihm lehnende Büchse umgestoßen, denn als er den Kopf hob und hinausschaute, stand da, auf kaum vierzig Meter und schon bei recht leidlichem Büchsenlicht der Aurachhirsch und schrie, daß die Erde erbebte. Mächtig hoch, so berichtete mein Bruder später, steilte das enge Korbgeweih mit den armdicken Stangen, deren weiße Spitzen sich oben fast berührten in die Höhe. Trotz Schreck und Erregung faßte er sich und fuhr langsam, ohne gefährliche Hast mit der Büchse auf: Aber, o weh, der Gespensterhirsch war im Okular des Zielfernrohrs nicht sichtbar! Kein Wunder, die beiden Linsen waren vom kalten Morgendunst beschlagen. Zwei Wischer mit dem Daumen, ein alter Trick, hätten wahrscheinlich genügt. Was aber tat der Jäger im Bahndurchlaß? Er zog ein blütenweißes Taschentuch aus der Hosentasche und begann damit, die Linsen vom lästigen Morgentau zu befreien. Das natürlich ließ sich der Aurachhirsch nicht mehr gefallen: Mit ein paar mächtigen Fluchten war er über Bahngleis, Straße und Aurachbach hinweggesetzt. Und als der verzweifelte Jäger, die Büchse in der Hand, aus dem Durchlaß sprang, war der Spuk längst entschwunden – aus der Traum!

Was den Hirsch zu diesem ungewöhnlichen Auftritt veranlaßt hatte, wurde nie ergründet. In der Brunft gibt es viele Möglichkeiten. Unsere Falläpfel vom Fischerbauern werden vermutlich nicht viel dazu beigetragen haben!

Als ein völlig gebrochener Weidmann kam mein Bruder an jenem Oktobermorgen zur Hütte zurück. Alle Bemühungen Haralds, ihn mit einem schmackhaften Frühstück zu trösten, blieben vergeblich. „War das ein Hirsch! Bin ich ein Esel!" Mehr war zunächst nicht aus ihm herauszukriegen. Erst später erzählte er uns den genauen Hergang der großen Tragödie.

Der alte Sechser aber erhielt an diesem Tag einen zweiten Namen. Er hieß fortan auch der „Sacktuchhirsch"!

Die Geschichte im Bahndurchlaß gelangte auf direktem Weg an die Ohren des Benzinger Jagdherrn, der sich darüber halbtotgelacht haben soll und uns schon am nächsten Tag auf der Rhonberghütte besuchte. In einer langen und sehr gemütlichen Plauderstunde wurde – wie könnte es auch anders sein – hauptsächlich über den geheimnisumwitterten „Sacktuchhirsch" gesprochen. Auch der Nachbar kannte den alten Sechser mit dem Korbgeweih nicht. Seine beiden Jäger hatten ihn nie an einer Fütterung gehabt, keiner besaß einen Abwurf von ihm. Auch in der weiteren Nachbarschaft war er, wie sich später herausstellte, unbekannt. Es wird sich wohl um einen Zuwanderer aus Tirol gehandelt haben, dorthin war es ja nicht allzu weit.

Als sich der Benzinger Nachbar, es ging schon fast gegen Abend, verabschiedete, sagte er zu unserer großen Freude und Überraschung: „Sie haben sich solche Mühe gemacht um den alten Sechser, bitte, schießen Sie ihn ruhig bei mir herüben, wenn immer sie ihn haben können – er ist für Sie frei! Nur kann ich Ihnen dabei nicht behilflich sein, meine Jäger müssen noch Gäste führen. Also – Weidmannsheil auf den ‚Sacktuchhirsch'!"

Wir konnten uns über soviel Großmut kaum fassen. Die Sache hatte aber schon wieder einen neuen Haken. Die Zeit Haralds und meines Bruders war abgelaufen, schon am nächsten Morgen reisten die beiden ab nach Norwegen, wo Harald eine Elchjagd vorbereitete und meinen Bruder dazu eingeladen hatte. Dieser kämpfte – ich weiß es – einen schweren inneren Kampf, den Elch sausen zu lassen und sich weiter seinem „Sacktuchhirsch" zu widmen, auf den die Chancen ja jetzt dreimal so günstig standen als jemals zuvor. Und in wenigen Tagen würde die Hirschbrunft zu Ende gehen und der alte Sechser wahrscheinlich die „Rückreise" ins Heimatland Tirol antreten. Aber die Reise nach Norwegen abzusagen, schien unmöglich. Vom Flug – damals noch ein Ereignis – angefangen, hatte Harald alles aufs beste geplant und vorbereitet. So trat mein Bruder schweren Herzens das uns vom Benziger Jagdherrn eingeräumte Recht auf den „Sacktuchhirsch" an mich ab, der allein für den Rest der Hirschbrunft auf der Rhonberghütte zurückblieb und über diese unerwartete Wendung der Dinge nicht gerade traurig war!

Der Rest ist schnell erzählt: Den ersten Tag nach der Abreise der Hüttengenossen benützte ich zur vorsichtigen Erkundung des Geländes im Benzinger Revier. Denn, außer daß der Hirsch mit seinem Rudel nach Überquerung der Aurach sehr früh steilbergan seinem Einstand entgegenzog, kannte und wußte ich dort drüben noch so gut wie nichts. Und selbst das wenige hatte er uns nur durch seine Stimme verraten.

Zu einer meiner neu gesammelten Erkenntnisse gehörte der Umstand, daß der einzige Steg, der über die Aurach führte, für mich einen Umweg von mindestens einer halben Stunde bedeutete. Zum Glück lag er für mich, der von der Rhonberghütte herunterkam, bachabwärts, so daß eine nächtliche Störung des auf den Wiesenleiten stehenden Wildes nicht zu befürchten war.

Der zweite Morgen brachte den ersten ernsthaften Versuch im Benzinger Revier. Das Rudel stand, genau wie ich vermutet hatte, schon vor Büchsenlicht nach Durchquerung des schmalen Hochmoors im Bergwald und zog langsam aufwärts. Der Hirsch meldete gut, aber ich kam, wohl infolge zu großer Vorsicht, zu spät an die entscheidende Stelle, einen Streifen Altholz und einen anschließenden schmalen Schlag. Als ich dort anlangte, fand ich alles leer. Die große, gleich oberhalb gelegene Dickung hatte den Hirsch samt seinem ganzen Rudel bereits verschluckt!

Auch am dritten Tag meines paradiesischen Jagens auf den

„Sacktuchhirsch" brach ein Morgen an, wie man ihn sich schöner nicht denken kann. Es gab einen starken Reif, bestes aller Vorzeichen. Mit dem Berg im Benzinger Revier fühlte ich mich schon ein wenig vertraut, aber natürlich noch längst nicht genug. Immerhin, mein Hoffnungsbarometer stand auf schön. Wie oft mag ich im Zwielicht des grauenden Morgens den Mittelfinger in den Mund gesteckt, wieviele Gräslein bei Tagesanbruch fliegen lassen haben, um nur ja keine mögliche Laune des Windes zu übersehen.

Es war noch sehr früh. Drüben, noch jenseits der Aurach, schrie der Hirsch auf „unserer" Rhonbergleite, aber wie es mir, besonders im Angesicht des idealen schönen Morgens vorkam, bei weitem nicht mehr so eifrig wie an den Vortagen. Eine Ewigkeit schien zu vergehen, zwischen dem Zeitpunkt, als er drüben verschwieg, bis zu jenem, da er endlich herüben den ersten Schrei im Benzinger Bergwald hören ließ.

So gut wie lautlos war das Rudel, wie alltäglich noch lang vor Büchsenlicht durch das kleine Moor wechselnd, eingezogen. Als es grau wurde, meldete der Hirsch, ließ aber an Eifer stark zu wünschen übrig. Immerhin erzählte er mir genug, um daraus zu schließen, daß das Rudel voraussichtlich den gleichen Wechsel annahm wie am Vortag. Ich hatte nicht weit bis zu der Stelle, wo der bewußte Hochwaldstreifen anfing. Nur eine gute Viertelstunde früher als gestern mußte ich oben sein, darauf hatte ich meinen Plan genau aufgebaut. Heute wird es gelingen, das hatte ich, so wie alles von Anfang an abrollte, fest im Gefühl. Es war der neunte Oktober, also auch insofern allerhöchste Zeit!

Ich erreichte ohne Zwischenfall, nur ein wenig atemlos, den vorgesehenen Platz und kauerte mich am Stamm einer alten Wetterfichte nieder.

Durch sein abermaliges Verschweigen stellt mich der Hirsch auf eine lange, bitterharte Probe. Sollte das Rudel wider Erwarten doch schon durchgezogen sein? Es ist schon lange gutes Büchsenlicht. Ein schneller Blick auf die Uhr. Da – ein deutliches Steineln zu meiner Rechten, etwas ober mir. Der Wind steht vorzüglich gerade auf mich herab, genau aus der Richtung, von wo das erregende Geräusch herkam. Nach kurzer Stille ein mürrisch tiefer Brummer, gar nicht weit. Sie kommen!

Das Herz schlägt mir bis über die Schläfen herauf, als das Leittier, nicht weiter als achtzig Schritt entfernt, mit unheimlich hochgestellt erscheinenden Lauschern den Hochwaldstreifen betritt. Dann geht es wie an einer Perlenschnur aufgereiht, Tier – Kalb – Tier – Kalb – Schmaltier – Tier, in solcher Reihenfolge ziehen sie zügig, aber vertraut durch den Bestand. Wieviele mochten es sein? Es ist wahrlich keinen Zeit, sie zu zählen. Denn jetzt müßte der Hirsch kommen!

Er kommt nicht, er läßt mich sitzen und bangen. Das Rudel ist durch, genau so wie gestern von der großen Dickung aufgenommen.

Minuten scheinen zu vergehen. Es ist mäuschenstill. Enttäuschung, ja Wut will mich überfallen.

Eine rasche Bewegung etwas oberhalb der Stelle, wo das Rudel eben durchzog. Ein kleines, fast schwaches Schmaltier erscheint, verhält und äugt zurück: Und da steht „er“, frei und breit in einer Baumlücke, das Haupt mit dem steilen Korbgeweih, dessen helle Spitzen sich fast berühren, hoch erhoben, der alte Sechser mit den armdicken Stangen, der Aurachhirsch, der Sacktuchhirsch! Unbemerkt bringe ich die Büchse hoch, will ihm gerade ins Leben fahren – da, ein markerschütternder Schrecklaut aus unmittelbarer Nähe dicht hinter und unter mir: Leer ist die Bühne! Hirsch und Schmaltier sind verschwunden, wie vom Erdboden verschluckt, zwei Sekunden, bevor mein Schuß brach.

Ein anderes, verspätetes Stück Hochwild wollte unter mir durchziehen und bekam mich voll in den Wind!

Ganz ähnlich, wenn nicht ganz gleich, muß mein Bruder sich gefühlt haben, als er vor ein paar Tagen nach seiner Niederlage mit dem „Sacktuchhirsch“ den Bahndurchlaß verließ. Bis zum heutigen Tag habe ich die meine nicht verwunden. Dieser alte, freie Berghirsch von „nur“ sechs Enden wäre für mich der „Hirsch des Lebens“ gewesen!

Von jenem Morgen des 9. Oktober an war er fort und wurde nie mehr in der Gegend gesichtet. War er, ein unsteter freier Wanderer, abgebrunftet und weggezogen, oder war jener furchtbare Schrecklaut ihm vielleicht ebenso stark in alle Glieder gefahren wie mir, seinem Verfolger, und hatte ihn vergrämt! Niemand hat es je ergründet. Der „Aurachhirsch“ blieb für immer verschollen.

Heute noch bin ich dem Benzinger Jagdherrn tief dankbar für jene drei Jagdtage in seinem schönen Revier. Würde er aus dem Grab aufstehen und zu mir sagen: „Los, auf –, versuch' es noch einmal mit dem alten Sechser an der Aurach!“ – mit tausend Freuden würde ich hinziehen, würde mir liebend gern, genauso wie damals, ein Dutzend Nächte auf der Rhonberghütte – ob sie wohl noch steht? – für ihn um die Ohren schlagen und würde ihn wahrscheinlich eines schönen Morgens schießen. Danach würde ich sein Haupt mit dem engen Korbgeweih hinauf zur Hütte schleppen.

Ich würde es im Brunnentrog wässern und zuschauen, wie gelbe Blätter in das glasklare Wasser des eintönig murmelnden Brunnens fallen, aus dem die Geweihspitzen, die sich oben fast berühren, und wahrscheinlich auch in halbarmlangen Augenenden herausragen.

Ich würde das endenarme Geweih mit den prügeldicken Stangen in der Hütte selber auskochen und genauso eifersüchtig wie der rote Schweißhund darüber wachen, daß ja kein anderer zu nahe daran kommt oder mir beim herrlichen Tun helfend und werkend zur Seite steht.

Ich würde nicht müde werden, es zu betrachten, zu befühlen, zu wägen. Ich würde den unvergleichlichen Duft, jene einmalige Mischung aus Regen und Erde, Baum und Wild durch die Nase einsaugen.

Und ich würde lachen über alles, was man heute unter vielerlei Vorwand und grauer Theorie mit dem Hirsch und dem Rehbock der kargen Berglandschaft anstellt. Ich würde alle vielendigen Kapitalgeweihe, die man dem armen Berghirsch angemästet und anbiologisiert hat, diese Rekordgebilde, welche die Natur dem Hirsch und dem Rehbock nie und nimmer hätte wachsen lassen, ich würde das alles im Angesicht des starken Sechsergeweihs im

Brunnen froh und guten Gewissens dahin wünschen, wo es hingehört!

Daß wir dem Wild ersetzen müssen, was wir ihm aus Profitgier im Wald und auf dem Feld weggenommen haben, ist doch eigentlich nichts anderes als eine selbstverständliche Pflicht. Eine Anstandspflicht, nicht nur des Jägers allein, sondern aller, die mit dem Wald und mit dem Acker noch etwas zu tun haben. Es ist eine schwerwiegende Frage menschlicher Moral, für uns Jäger ein Prüfstein jagdlicher Gesittung und Kultur. Gerade darum aber sind ungesunde Übertreibungen, wie sie heute so oft vorkommen, besonders gefährlich. Denn sie kommen gerade denen so schön zupaß, bei denen Anstand und Moral schon lange nicht mehr an erster Stelle stehen. Also – alles mit Maß und nie zur Unzeit!

Die Geschichte vom „Aurachhirsch“ sollte auch zeigen, wie ich mir einen „Trophäenkult“ vorstelle. Ein Berghirsch von „nur“ sechs Enden und vermutlich mit nicht viel mehr Pfunden im Geweih – für mich Traum und Erinnerung eines Jägerlebens, Inhalt und Inbegriff der Jagdtrophäe –, ihm hätte vielleicht einmal mein letzter Blick auf Erden gegolten. Aber er blieb für mich nur ein Traum. Doch was das Ärgste ist, und was ich doch eigentlich wollte und versprach: Sie hat wieder nicht geknallt, meine gute, treue Büchse!

Wolfgang Freiherr von Beck, geb. 1905 in Hohenberg am Starnberger See, Oberbayern, hatte seit frühester Kindheit engen Umgang mit Wald und Wild. Als Volljurist leitete er lange den väterlichen Gutsbetrieb. Nach dem Zweiten Weltkrieg führte Wolfgang von Beck als bayerischer Jagdreferent in München einen doppelten schweren Kampf: einmal gegen den wahllosen, ungezügelten Wildabschuß der Besatzungssoldaten, sodann gegen die Abschaffung des Revierjagdsystems. Er gewann, brachte aber dafür seine Stellung im Ministerium zum Opfer. Nach 1949 wandte er sich ausschließlich der Jagdschriftstellerei und der Wildfotografie zu. Der Autor erhielt 1971 das Verdienstkreuz 1. Klasse der Bundesrepublik Deutschland sowie 1973 das Goldene Ehren-

zeichen des Landesjagdverbandes Bayern und 1974 den Bayerischen Verdienstorden für seine Leistungen um das Jagdwesen verliehen.

Fritz Dobschova

Ohne Hund da wär's kein Jagen!

In die Großstadt eingepfercht, konnte ich mich lange nicht entschließen, einen eigenen Jagdhund zu führen. Früher bestand dazu auch keine zwingende Notwendigkeit, denn ich konnte bei Bedarf, zum Entenjagern an den Teichen beispielsweise oder im Ernstfall, wenn es auf ein Stück Schalenwild einer Nachsuche bedurfte, auf Vaters Deutsch-Drahthaar zurückgreifen. Den erforderlichen Vierbeiner gab es fürs Jagen im oberen Waldviertel ständig, und ergab sich ein Nachsuchenfall einmal anderswo und stand dort kein Hund, hatte ich die Möglichkeit, auf einen „Leihhund“ auszuweichen. Der rief in mir übrigens mit jedem Reviergang mehr die Sehnsucht nach einem eigenen Hund wach.

Wie ich zu diesem Leihhund gekommen bin? Eine passionierte Züchterin von Gordonsettern, mit der ich beruflich hin und wieder zu tun hatte, unterbreitete mir das Angebot, einen ihrer Hunde mit ins Revier zu nehmen. Wann immer ich wolle. Überlegenswert, so ein Angebot, zudem es sich leicht einrichten ließ, bei meinen Jagdfahrten ins Weinviertel oder das „heruntere“ Waldviertel an dem im Kreuttal einschichtig gelegenen Besitz der Züchterin vorbeizufahren, um mir einen dieser „schwarzen Riesen“ – den weißen kennt man als hochgepriesenes Waschmittel! – zu angeln.

Auf einen aus den sieben oder acht hatte ich es besonders abgesehen. Cyrill hieß er, und mit den Slawenapostel, dem er wohl seinen Namen verdankt, weil es bei einem C-Wurf Schwierigkeiten bereitet, für alle Welpen passable Namen zu finden, sieht man von Cäsar und Cäcilia ab, hatte er sogar etwas gemeinsam: Ein Tscheche brachte ihm die Grundbegriffe hundischer Erziehung bei. Wie es schien, mit bestem Erfolg. Nur hätte ich einen Dolmetsch gebraucht, denn in mein Schultschechisch, von dem übrigens auch nur noch Fragmente im Hirn parat lagen, hatte der Lehrer vergessen, jagdhundliche Kommandoworte einzubauen. Und gerade sie wären ganz bestimmt nicht meinem Gedächtnis entfallen! Nützten allesamt nichts, diese geistreichen Überlegungen, als ich mit Cyrill an einem noch sonnendurchfluteten Endseptembertag vor der Jagdhütte des Direktor Zotterschen Revier Lehndorf bei Horn stand und der Gordon mich stets fragend anäugte, wenn ich etwas zu ihm sagte, damit gleichsam bekundend, daß er nicht abgeneigt wäre, meinen Wünschen nachzukommen, so er sie verstünde.

Der Jagdherr hatte es sich bequem gemacht. Von der Hüttenveranda konnte er – nunmehr auch ich – über eine Wiese hin im steil ansteigenden, somit besten Kugelfang abgebenden Föhrenhochwald auf die Scheibe schießen. Da wollte ich das kleine Kügerl ausprobieren, befestigte an den dazu vorgesehenen Pflöcken den Scheibenrahmen samt Scheibe. Dabei begleitete mich Cyrill Schritt für Schritt.

Gibt es mit der Wortsprache Schwierigkeiten, die Zeichensprache ist doch international! Und ihrer bedienen sich die Hundeführer da wie dort! Dieser Erleuchtung wollte ich die Probe aufs Exempel folgen lassen, „verlor“ beim Gehen von der aufgezogenen Scheibe zurück zur Hütte mein Taschentuch. 30 Schritt weiter rief ich Cyrill heran und ließ ihn setzen. Mit „Sitz!“ wußte er schon etwas anzufangen. Also tat er es brav, mich interessiert anäugend, was folgen werde. Die wie beim Gebet vor der Brust gefalteten Hände breitete ich aus, dabei es nicht lassen könnend „Such verloren!“ zu sagen. Was Cyrill verstanden hat? Jedenfalls machte er kehrt, trabte auf unserer Spur bis zum Sacktuch zurück, nahm es auf, brachte es flott und setzte sich damit wie gelernt vor mich hin.

„Na also, klappt ja bestens!“ Von da an waren wir einander nähergekommen, meine ich, glücklich darüber, nun eine Kommunikationsmöglichkeit gefunden zu haben.

Abends wollte ich mich auf Sauen versuchen. Der gedeckte Hochsitz stand auf einer Leite, und zwar dermaßen, daß man ihn von unten her besteigen konnte, ohne vom Felder- und Wiesenplateau oberhalb des Hangwaldes wahrgenommen zu werden. So der Wind stimmte. Wie heute. Bevor ich aber die Leiter erklomm, deutete ich Cyrill, an deren Holmen Platz zu machen. Ich gebe es unumwunden zu, leichtsinnigerweise ohne ihn anzuleinen. Solches Vertrauen bestand zu seiner Folgsamkeit. Er legte sich auch gehorsam auf meinen hingebreiteten Lodenmantel – und blieb dort, bis ich nach Mitternacht, das Aussichtslose meines Hierseins schweren Herzens zur Kenntnis nehmend, abbaumte. Freudig begrüßte mich der schwarze Riese und gemeinsam trotteten wir zum Auto, fuhren zur Hütte, um noch ein paar Stunden zu schlafen, ehe es weiterging in den Zwettler Bezirk.

1. Oktober. Heute dürfte schon ein Kuchlhase geschossen werden. „Cyrill, das wollen wir angehen, wir zwei, mit der Flinte aber, nicht mit dem kleinen Kügerl beim Abendansitz. Wir suchen uns einen Mümmelmann."

Ein paar Schrotpatronen in die Rocktasche, die Flinte geladen und in die Armbeuge gehängt, das Pfeiferl um den Hals und losmarschiert.

Saß man in jenem Revier mit seinem ausgezeichneten Rehstand an, stolzierten ab und zu Gockel oder Henne an den Feldrainen entlang, dokumentierend, daß es die Langstößer im Rauhklima des Waldviertels noch gibt.

Kaum das zweite oder dritte Feld überschritten, stand Cyrill bombenfest vor. „Gock, gock!" schimpfte ein Fasanhahn drauflos, auf die unliebsame, vor allem aber ungewohnte Störung mit widerwilligem Aufstehen und Abstreichen reagierend. Wäre ein leichtes gewesen, ihn im Schrothagel knallhart auf die Erde aufschlagen zu lassen, wäre zudem ein unvergeßliches Bild im geistigen Auge geworden, wenn Cyrill apportiert hätte. Er aber äugte nur fragend zu mir her, und meine Hand wies ihn zum Weitersuchen an.

Stünde es nicht in meinem Jagdtagebuch, ich könnte es heute noch nicht glauben: Zehn Fasane, Hahn oder Henne, standen vor uns Suchenden auf, dazu flitzten ein paar Löffelmänner weg, von denen ich einen radschlagen ließ und den mir Cyrill exakt abgebend herantrug...

Nicht mehr lange, und die Einladungen zu den Herbstjagden in Wald und Feld würden eintrudeln. Wohl zu keiner anderen Jahreszeit sieht der Jäger den Postboten so gerne wie in den Tagen des fallenden Laubes und des allmählich gefrierenden Bodens.

15. November. Leopoldi. Halbfeiertag. Zu Ehren des Landespatrons und zur Freude derer, die da dienstfrei haben. Darum vielerorts ein Treibjagdtag. So auch in jenem Weinviertler Revier unweit des Manhartsberges, 270 Hasen betrug die Tagesstrecke. Und Fasane und Hühner gab es, daß ich Waldviertler häufig das Mundzumachen vergaß. Wenn ich annehme, daß um die 60 Schützen an den Kreisen in dem großen, meist recht flachen Revier, die Weinberge ausgenommen, teilnahmen, lag ich mit meiner Tagesstrecke von vier Hasen und einem Fasan so etwa im Schützendurchschnitt. Vier Hasen als Tagesstrecke. Ein andermal im selben Revier, übrigens der erste Jagdtag dort, stamperten wir, ein paar Schützen, über ein paar Ackerl hin. Und auf einer noch nicht geackerten Stoppel standen mir Krummer um Krummer auf. Fünf hintereinander. Radschlagten alle, wie es sein soll. Worauf der Jagdleiter meinte: „Na, wie mir scheint, hat ein Hund bei Ihnen nichts zu tun!“ Mein Gott, hatte halt einmal einen guten Tag. Soll vorkommen...

Aber nicht das ist es, was mich an die Kreisjagd und jenes Revier so lebhaft erinnert, sondern ein Erlebnis mit Cyrill dort. Es hatte schon am Morgen damit begonnen, daß man tuschelte, was das für ein Hund wohl sei. Die deutschen Vorsteher kannte man allesamt, führte selbst. Kurzhaar, Drahthaar, sogar einer der seltener zu sehenden Großen Münsterländer war vertreten, Kleine selbstredend mehrfach. Aber dieser tiefschwarze da mit seinen mahagonifarbenen Abzeichen? Schulterhöhe gute 60 Zentimeter. Dann kam der Hundemann der Korona und freute sich, sein kynologisches Wissen doch nicht ganz umsonst erworben zu haben, es heute und hier an den Mann bringen zu können. Was er zu sagen hatte, sagte er selbstredend in bodenständigem Dialekt, was hier aber, der Allgemeinverständlichkeit halber, vermieden sei: „Der schwarze da, das ist ein Setter. Den irischen, den mahagonifarbenen Feldflitzer mit seiner weiten und raschen Suche, den kennt ihr ja alle. Weniger vielleicht den englischen, recht farbenfrohen, denn es nicht nur schwarz und weiß, schwarz und zitronengelb, weiß und orangefarben oder weiß und kastanienbraun gibt, sondern auch dreifarbig, nämlich schwarz, weiß und lohfarben. Der schwarze Setter da, der Gordon, unterscheidet sich vom Iren und Engländer durch einen kräftigeren Körperbau mit massigerem Kopf. Sind die beiden anderen wendiger und schneller, ist der dennoch einer der verläßlichsten und intelligentesten Vorstehhunde, ganz vorzüglich in Wald-Feld-Mischrevieren einzusetzen. Seine gute Nase zeichnet ihn genauso aus wie seine eminente Bringfreude."

Jetzt wußten sie allesamt im großen ganzen Bescheid. Fehlte gerade noch, daß unser guter Mann zu sagen gewußt hätte, daß der schottische Herzog Alexander IV. von Richmond und Gordon um 1820 mit der Zucht dieser Rasse begann.

Doch nun zum Erlebnis mit Cyrill. Mitten in dem sichtigen Felderbreit um uns lag eine große, mit hohem Gras und Schilfzeug bestandene Insel. Dort hinein flüchtete ein von einem Nachbarschützen beschossener Hase. Er verließ sie aber nicht mehr. Der Schütze meinte, wie so oft in ähnlichem Fall: „Dem fehlt net viel, ein paar Körndl hat er nur kriegt. Bin zweit hintn g'wen."

Ich schnallte meinen Schotten. Ab ging er, zeigte fürs erste einmal, daß er seinem englischen und irischen Vetter nicht viel an Schnelligkeit nachgibt. „Kann der aber rennen", kommentierte der Schütze, der sich inzwischen zu mir hergesellt hatte, da der Kreis bereits abgeblasen war. Jetzt verschwand Cyrill im Gras-Schilf-Dschungel. Pause. Sehr lange. Sehr, sehr lange. Der Schütze wird ungeduldig, tritt von einem Bein auf das andere, dabei immer wieder zum in einiger Entfernung bereits versammelten Schützenrund blickend. Könnte ja sein, daß die etwas „verzählen", das zu hören sich lohnte.

„Wia i's g'sagt hab', dem Löffler fehlt nix, der Hund wird si wohl a wengl ausrasten, verständlich, wo er do so g'rennt is."

Wenigstens etwas, Cyrills Schnelligkeit hatte imponiert, wurde fürs erste einmal anerkannt! Der Mann ging – und Cyrill kam. Mit dem Hasen im Fang. Stolz wie ein Schotte, nein, wie ein Spanier sagt man! Und ich durfte den bestimmt Dreieinhalbkilohasen zum Sammelplatz tragen.

FRITZ DOBSCHOVA, geb. 1931, langjähriger Mitarbeiter, Redakteur und Chefredakteur der Jagdzeitschrift „Österreichs Weidwerk". Seit 1964 bis zu seiner Pensionierung auch Verlagsleiter des Österreichischen Jagd- und Fischerei-Verlages. Lebt im Ruhestand in Bayern. Autor zahlreicher Fachbücher zu diversen jagdlichen Themen.

Wolfram Martin

Jagd

Für mich war es schon fast Routine – gelassen bleiben. Noch nie hatten sie jemanden vergessen, alle würden mitkommen. Obwohl man sich ja immer wieder wundern muß, wie viele Autos doch in so einen Fährbauch hineingehen. Die „Newcomer“, die, die zum ersten Male mit dem Auto auf die Fähre wollen, werden nervös. Sie lassen ihre Autos an. Von Umweltbelastung wohl noch nie etwas gehört. Langsam setzt sich die Schlange in Bewegung. Rollt rumpelnd über die Rampe. Gestank von Abgasen. Millimetergenaues Einparken auf dem Autodeck. Eng, schmutzig und stickig. Schnell das Köfferchen mit dem Nötigsten, dann raus. Kabine suchen. Gedränge. Hektik. Hasten. Fragen überall und jeden – keine Antworten... Jeder sucht und weiß nicht mehr als der andere.

Schnell hatte ich meine Kabine gefunden, mich eingerichtet, frischgemacht, umgezogen. Ich wollte in Ruhe einen Drink nehmen im „Star-Dust“. Von dort oben hatte man einen guten Überblick über die Hafenanlage, konnte man in Ruhe das Auslaufen, die nächtliche Helsinki-Skyline genießen, die immer wieder aufregend enge Hafenausfahrt erleben. Ich liebe dies.

Schon beim ersten Abschied von Elan, Finnland, Helsinki hatte ich ein Gefühl, aus dem ich selbst nicht ganz schlau wurde: teils Freude auf zu Hause, teils Wehmut, Finnland verlassen zu müssen, Heimweh nach Elan. – Mehr als einmal fragte ich mich, ob ich dieses Land liebe, und kam zu dem Schluß, daß dies nicht der Fall sei. Finnland war zu dunkel, grau und düster. Ich hatte es bisher ja auch immer nur im Herbst und Winter kennengelernt. Um Finnland lieben zu können, muß man wohl die hellen, langen Sommernächte erlebt haben. Nein, Liebe war es nicht. Zuneigung, Respekt, Achtung, aber Liebe nicht. Ich mag die Menschen, mich beeindruckt die Landschaft, ich liebe Elche. Elan, ja Elan hatte mich gleich in seinen Bann gezogen, da war es wirklich Liebe auf den ersten Blick. Die Menschen, das Revier, die Art zu jagen, der Stil zu leben – Elan –, ich war verliebt in Elan; aber Elan war ja auch mehr als Finnland...

* * *

Für die beiden Elchkälber war die Brunft die erste große Aufregung. Die häufige Begegnung mit anderen Elchen, der Geruch der brunftigen Tiere, der „Gestank" der Brunftgruben, die nach dem Suhlen ebenfalls „stinkenden" Schmaltiere und Kühe, besonders aber die Stiere, von denen doch irgendwie etwas Drohendes, zumindest Respekteinflößendes ausging. Das tagelange Folgen des starken Bullen, der Kampf mit dem Rivalen in der warmen Septembersonne, dann wieder das Verfolgen des Muttertieres. Ständig hatte er seine Ramsnase am Wedel der Mutter, permanent verfolgte er sie, schließlich dieses Aufreiten – die alte Elchin nahm dies alles stoisch gelassen hin. Für die beiden Kälber war es sehr aufregend. Und wären die Ruhe, die Gelassenheit, das Phlegma der Elchin nicht gewesen, wer weiß, ein ums andere Mal wären sie in Panik geraten. Elchmutter sei Dank, daß diese aufregende Zeit vorbei ist!

Aber mit dem Ende der Brunft war auch der schöne, sonnige „Indianer-Sommer" vorbei. Dafür naßkalter Regen, Schauer, Stürme. Und kam tagsüber die Sonne heraus, gab's nachts Frost. Aus naßkaltem Regen wurde regennasser Schnee. Vorbei die Zeit, an sonnigen Hängen inmitten von Weidenröschen zu stehen, Sonne und Wärme zu genießen – vorbei.

Doch ein Elch lebt nicht von Erinnerungen, obwohl er ein außerordentlich gutes Gedächtnis hat – und er denkt auch nicht an die Zukunft, wenn es auch manchmal so aussieht – er lebt einfach.

Er macht sich keine Gedanken, daß es nun langsam Zeit für wärmere Wintersachen sei. Pünktlich, rechtzeitig, unbemerkt hat er Winterhaar, das ihn so gut gegen Kälte isoliert, daß der Schnee auf seinem Rücken liegen bleibt, ihn so gut gegen Nässe schützt, daß Regen abtropft, ja, wenn er einen Fluß oder einen See durchschwimmt, er mit trockener Haut ans andere Ufer steigt. Ein Elch scheint nie zu schwitzen, er friert aber auch nie. Auf wunderbare Weise ist er einem Leben in nordischer Wildnis angepaßt.

Obwohl die Elche, außer dem Menschen, keine ernsthaften Feinde haben, da es kaum noch Bären und Wölfe gibt, sind sie, trotz ihrer beachtlichen Größe, oft nicht zu entdecken. Ob im Moor, im Birken durchsetzten Bruch, ob im fichtenbewachsenen dunklen Wald oder gar in kultivierter Kieferdickung, mit ihren hellen, birkenstammfarbenen Läufen, ihrer dunklen Decke verschwimmen sie förmlich mit der Natur. Wenn sie dann noch, was nicht immer passiert, lautlos, langsam auf ihren Wechseln ziehen, geht von ihnen etwas Gespenstisches, Mystisches aus. Und, etwa Aug' in Auge mit dem Menschen, immer schauen sie auf uns herab. Nicht „weise“ wie ein Elefant oder „arrogant“ wie ein Dromedar, nicht „ausdruckslos“ wie eine Giraffe. Immer, wenn sie geräuschlos, gespenstisch daherkommen, über einen hinwegschauen, in einsamer, trüb grauer Wildnis, geht von ihnen etwas Wissendes, Überlegenes, Erhabenes, Zeitloses aus. Ein Hauch von Unendlichkeit umweht sie; wir wirken dagegen immer klein. Sie schauen uns nicht direkt an, sie schauen auch nicht über uns hinweg, sie schauen durch uns hindurch – und ehe wir das Wunder begriffen, haben sie sich aufgelöst, sind einfach irgendwo im Grau, Grün, Braun der wilden Wälder untergetaucht, verschwunden, eingegangen, sind selbst Wildnis geworden...

Die alte Elchin hielt keinen festen Einstand mehr. Genoß sie ein, zwei Tage das Grün der Malmgård-Felder, tauchte sie plötzlich in Björnmossen auf, um wieder ein paar Nächte später in Forsby gesehen zu werden. Es konnte aber auch gut sein, daß sie tage-, wochenlang mit ihrem Nachwuchs überhaupt nicht gefährtet oder beobachtet wurde.

Durch ihre Großrahmigkeit, ihr trockenes, langes ramsnasiges Haupt, ihren Senkrücken, ihre hellgrauen, fast weißen Innenschenkel im Kontrast zu ihrem dunkelgrauen, annähernd schwarzem Deckhaar, im Gefolge ihrer beiden Kälber, wurde sie bei allen Jägern und Bauern als *die* Elan-Elchfamilie angesehen und leicht bestätigt.

Ihre beiden Kälber, jedes für sich groß, kräftig, gesund, wirkten neben der Alten kindlich; das Wildkalb neben dem Stierkalb zierlich, fast zurückgeblieben. Das „wiedererkennbare" Merkmal des Stierkalbes, der ein wenig „kürzere" linke Lauscher, hatte sich so weit verwachsen oder wurde von Haaren verdeckt, daß er daran nicht mehr ohne weiteres erkennbar war. Nur ein erfahrener Elchbeobachter konnte die drei schon am Verhalten identifizieren: Das Stierkalb neugierig; das Wildkalb anhänglich, immer nahe an der Mutter, sich fest an sie drückend; die Mutter groß, dunkel, abgeklärt, irgendwie nicht von dieser Welt.

* * *

Immer, seit Jahren schon, am gleichen Tag im Jahr, am 14. Oktober, ärgert sich Herr Blomberg über eine Jagdeinladung. Und immer am gleichen Tag, fast zur gleichen Zeit, am 15. Oktober, so gegen 17 Uhr, bekommt er einen Anruf und hat danach einen solchen Zorn, daß er entweder Hals über Kopf hinaus in den dunklen Wald stürmt, um sich abzureagieren, oder, was aber nur alle paar Jahre zutrifft, sich einen Rausch antrinkt, daß er zwei Tage zu nichts zu gebrauchen ist.

Seit zehn Jahren bekommt er jeden Herbst eine Einladung zur Elchjagd ein paar Dörfer und Weiler weiter. Seit zehn Jahren ist er dort nie mehr zur Jagd gewesen. Seit zehn Jahren kriegt er regelmäßig nach der Jagd einen Anruf, was alles dort geschossen wurde und wie schade es sei, daß er nicht dabei gewesen. Seit zehn Jahren ärgert er sich dann furchtbar, weil er durch die erste Teilnahme dort weiß, wie sie jagen.

Seit zehn Jahren, im Frühjahr, auf der Versammlung in Borgå, spricht er diese Zustände an, macht sich stark für ein Umdenken, für ein anderes, besseres Jagen auf Elchwild. Dabei ist diese Jagd, mit Treibern und Hunden, gar nicht typisch für Finnland, für Skandinavien. Im Gegenteil, Treibjagd, Drückjagd auf Elche, ist vielerorts verpönt. Doch was nützt das Lamentieren: Sie dürfen so jagen, also jagen sie so.

* * *

Der Ort zum Ruhen und Wiederkäuen ist, wie immer, von der alten Elchin gut gewählt: halb am Hang, mit Blick auf ein sanftes, birkenbewachsenes Tal, mehr eine große flache Senke. Hinter dem Hang, in Richtung des Windes, Fichten, Felsen, Moos und Urwald. An der Grenze zwischen Birken, Erlen, Espen einerseits und den Fichten andererseits, genau in halber Höhe zwischen Talsohle und Hügelkuppe, in einem größeren Fichten-Birkenhorst, genau hier liegt die Alte mit ihren Kälbern und döst und kaut und kaut und döst. Feuchtkalte Luft aus Südwesten. Grau und kalt wabert und wogt es heran und hinfort. Von fern das „Klong" eines Kolkraben. Meisen im Geäst. Sonst Stille.

Leise, weit entfernt, fällt eine Autotür zu. Die Elchin ist nicht beunruhigt, ein vertrautes Geräusch, auch hier. Dann noch ein Motorengeräusch und noch eines. Die Elchin erhebt sich. Die Kälber auch. Mit erhobenem Kopf und spielenden Lauschern gespanntes Warten auf fremde Geräusche. Doch Stille. Die Elchin steht immer noch und lauscht und wartet. Elche haben Zeit. Immer noch Stille.

Laut reitet ein Auerhahn ab. Irgendwo fern das Knirschen einer Sohle auf Kies. Ein Fuchs schnürt flott an den dreien vorbei. Die Elchin weiß Bescheid...

Ruhig, lautlos, aber zügig zieht sie halb gegen den Wind, geschickt jede Deckung nutzend, in den Hang. Die Kälber dicht bei ihr. Eine Jungkuh mit Kalb kommt ihr mit nach hinten gelegten Lauschern entgegen. Jetzt hört auch sie „Hei" und „Hoh", vernimmt das Knacken und Brechen von Ästen. Sie weiß Bescheid...

Sie folgt mit den Kälbern einem Wechsel rund um den Hügel. Von der einen Seite vernimmt sie Menschen, von der anderen windet sie welche. Ein Schuß fällt. Noch einer. Eine ganze Serie. Hunde bellen. Das „Hei" und „Hoh" kommt näher, wird lauter. Im scharfen Troll kracht und prasselt ein Jungelch durch den Wald, gefolgt von einem lautlos jagenden grauen Hund. Die Elchin starr, windet, lauscht, ortet. Von zwei Seiten nähern sich die Treiber. Die Kälber unruhig, hochgradig erregt. Auch die alte erfahrene Kuh wird zunehmend nervös. Abermals Schüsse, gefolgt von lautem Gejohle.

Sie macht das, was sie schon öfter bei drohender Gefahr gemacht hat. Im scharfen Troll umrundet sie abermals den felsigen Hügel, verschafft sich so mit der Nase einen Überblick, von wo Gefahr droht. Noch zweimal schlägt sie einen größer werdenden Bogen, durchbricht dabei mehrmals die Treiberketten. Die Kälber halten durch und mit. Sehr wichtig in solchen Situationen. Wird ein Kalb bei so einem Treiben versprengt, kann es sehr lange dauern, bis der Kontakt zur Mutter wieder hergestellt ist, oder, noch schlimmer, die Kuh wird als „nicht führend“ angesprochen und geschossen.

Nachdem die Elchin erkannt hat, daß ihr von den Treibern wenig, von außen aber drohend, da schweigend und versteckt, Gefahr droht, schiebt sie sich mit den Kälbern zwischen bewachsene Felsbrocken ein und läßt die grölende Meute passieren. Ganz nah sind die gefürchteten Rotjacken an ihnen vorbei... Ganz nah... Ein letzter Schuß fällt. Motorengeräusche.

Langsam legt sich die Erregung bei den Tieren. Hinter ihnen plötzlich Hundelaut. Ein grauer Hund steht zwischen den Felsen und gibt anhaltend Laut. Die Elchin fürchtet Hunde nicht. Doch durch die noch nicht ganz abgeklungene Erregung ist sie sehr aggressiv und fällt den Hund an. Der weicht aus. Zieht sich ein wenig zurück. Bellt weiter. Die Elchin gibt ihren sicheren Platz zwischen den Felsen auf, dicht gefolgt von ihren Kälbern, verfolgt vom bellenden Hund. Sie nimmt einen Wechsel, der südöstlich ins Moor führt. Vor dem Überqueren eines Waldweges bleibt sie stehen. Verhofft. Wittert. Lauscht. Nur Wind, Regen und der lästige Hund. Sie fürchtet Wege, Schneisen, offene Flächen. Jetzt ganz besonders. Sie fixiert den Hund. Zurück, ihn überlaufen?

Lange bleibt sie so stehen. Sehr lange. Nur der Kopf und die Lauscher bewegen sich. Elche haben Zeit. Hunde auch...

Sie zieht weiter.

Troll. Scharfer Troll. Weg – Sprung – –

Knall – – Schuß – – Flucht – –

* * *

Telefon.

Herr Blomberg grinst. Es ist immer dasselbe, jedes Jahr dasselbe, jedes Jahr um dieselbe Zeit – immer dasselbe. Er weiß genau, was jetzt kommt. Soll er überhaupt abheben? Sich ärgern?

Neugier siegt.

„Ja, ein toller Jagdtag. 4 Stück. 2 Stiere, eine Kuh, ein Kalb. So, so; ja, ja. Ja aber, eine einzelne Kuh… Nachsuche… Nicht gekriegt…"

Morgen früh.

Herr Blomberg läßt sich die Stelle beschreiben und sagt widerwillig zu, am nächsten Morgen nachzusuchen. Mist!

„Eine einzelne Kuh, wie können sie das wissen, bei dieser Art von Jagd?" – „Ich muß ‚Nacke' mitnehmen, nur mit ihm habe ich eine Chance, die Angeschossene zu finden…" – „Einen Schweißhund müßte man haben, einen Spezialisten, wie ihn die Deutschen und Österreicher haben, aber wir sind ja in Finnland…"

Nacke ist nur gewohnt, frische Fährten zu arbeiten. Mist. So grübelt und zweifelt und sinniert er.

Am nächsten Morgen ist Herr Blomberg noch grimmiger als am Abend. Zu allem Übel hat es über Nacht geschneit. – Wetterfeste Kleidung, rote Weste, rote Kappe, Messer, Büchse, Patronen – zuletzt den grauen Elchhund, den alten, erfahrenen Nacke.

Auf der Fahrt zum Treffpunkt nimmt er noch Alf Palmgren mit, einen mit allen Wassern gewaschenen Jäger. Am vereinbarten Ort erwartet sie Helge Haddas, er soll sie einweisen.

„Hier saß der Schütze, dort kam die Kuh, hier, diesen Wechsel hat sie genommen." Zu sehen ist nichts mehr. Nur im Wald, wo nicht so viel Schnee liegt, kann man noch undeutlich vage Elchfährten entdecken. „Wie soll ich hier weiterkommen", denkt Olaf Blomberg und nimmt Nacke, seinen Elchhund, an eine lange Leine, läßt ihn den Weg, dann den Wechsel absuchen. Der graue Hund fällt nicht sonderlich interessiert den Wechsel an. Wie auch. Er ist gewohnt, frei zu arbeiten, frei zu suchen. Und Elchhunde sind eigenwillig. Eine Weile folgt Blomberg dem gut erkennbaren

Wechsel, dann schnallt er den Hund in der Hoffnung, daß er die frische Elchfährte oder das verendete Tier finden möge.

Nacke entwickelt einen eigenartigen Suchstil. Er folgt anscheinend einer imaginären, unsichtbaren Fährte, entfernt sich aber nicht weit vom nachfolgenden Jäger. Immer wieder kommt er zurück, fordert seinen Herrn auf, weiter, schneller zu folgen, so als wolle er sagen: „Komm Alter, mir nach, ich mach das schon. Riechst du nicht die Fährte?“ Herr Blomberg riecht natürlich nichts. Sieht auch nichts. Entdeckt auch nichts. Verläßt sich ganz aufs Glück und den Hund. So kommen sie relativ schnell voran. Die Begleiter bleiben zurück.

Obwohl nur etwa fünf Zentimeter nasser, pappiger Schnee, ist weder eine Fährte, geschweige denn eine Krankfährte auszumachen. So folgt er der Spur seines Hundes, trottet dem Hund hinterher, der immer wieder vor ihm auftaucht, ihn auffordert, wieder verschwindet...

Sie durchqueren einen felsigen, vermoosten Fichtenwald, mühen sich durch eine Kieferndickung, folgen einem steinigen Bachbett, kämpfen sich durch einen strunkigen Birken-Erlenbruch, hecheln einen Hügel hoch, rutschen auf allen vieren Hänge hinab. Rennen, rutschen, wursteln, waten, suchen, sichten, straucheln, stehen vor einem Graben. Der Hund schwimmt durch, wartet ungeduldig auf der anderen Seite. An den Eingriffen am anderen Ufer erkennt der Jäger, daß hier Elche – ein Elch? – rüber sind. Das Wasser zu tief, der Graben zu breit, keine Brücke, kein Steg weit und breit. Er schaut in die Runde, sucht einen Stamm, um ihn als Steg benützen zu können. Nichts. Da ohnehin außen und innen naß, zieht er Stiefel, Socken, Hose, Unterhose aus, entlädt die Waffe, macht ein Bündel und durchwatet die eisigkalte, braune, morastige Brühe. Wieder angezogen, untersucht er die Fährten nur flüchtig. Muß sich schleunigst warmlaufen. „Weiter Nacke...“ – Zwischendurch schaut er immer wieder einmal auf seinen Kompaß; ohne dieses Orientierungsmittel verläßt ein echter finnischer Jäger nicht einmal seine Hütte, geschweige denn einen Weg.

Es fängt wieder zu schneien an. Er zählt nicht mehr die Wege und Wechsel, Schritte und Sprünge, Moore und Moose, Hänge und Hügel, hat das Haddas'sche Jagdgebiet schon lange verlassen, ist längst schon in fremden Revieren. Der Hund sucht und sucht. Will weiter und weiter. Er selbst kann fast nicht mehr. Schweißgebadet, müde, erschöpft, werden die Pausen immer häufiger, wird der Hund immer ungeduldiger. Jeder Schritt auf diesem seifigen, suppigen, moorigen Untergrund wird zur Qual. Weiter.

Nasses, kaltes Schneetreiben. Er weiß nicht wie lange, aber schon eine ganze Weile ist der Hund nicht mehr vor ihm aufgetaucht. Seine Spur ist im Schnee nur noch schwer zu halten, zu schnell deckt der nasse Pappschnee alles zu. Er muß schneller folgen, will er Nackes Spur nicht verlieren. Da: Laut. Hundelaut. Standlaut!

Wolfram Martin, geb. 1945 in Lindenthal/Leipzig, war schon mit 14 Jahren praktizierender Falkner. 1969 Jägerprüfung in Bayern, 1973 Jagdaufseherprüfung. Martin ist Teckelführer und Gebrauchsrichter im Deutschen Teckelklub e. V., Natur- und Tierfotograf, Mitglied der „Gesellschaft Deutscher Tierfotografen“ (GDT).

Seit 1970 publizistisch tätig in den führenden Jagdzeitschriften.

Josef Gehrer

Unterm Fuchsmond

Er steigt über die Nasse Welt empor, gleitet den Kalten Graben entlang und taucht lautlos in die großen Randtannen im Köhlersrecht. Er ist kalt, der Fuchsmond, und macht trotzdem heiß; Elch spürt ihn durch die Dachschindeln hindurch. Dann streckt er auch noch den Finger zum Hüttenfenster herein und fummelt im Gefält des Rucksacks herum, der an der Tür hängt und macht sich sogar am Zwilling zu schaffen. Der Jäger ist hellwach. Der Mondfinger geistert durch die Hütte, und draußen ist eine weiße, fürchterliche Stille. Mit einemmal bellt ein Fuchs. Dann ein zweiter. Elch springt vom Lager und tritt vor die Tür. Erschreckend hell leuchtet ihm der Mond ins Gesicht. Kein Windhauch. Es ist kalt, aber die Kälte ist fast weich und schmeichelnd. Da beschließt der Jäger, die Nacht dem Mond und den Füchsen zu weihen.

Der Schnee ist fest, der Wind der vergangenen Tage hat ihn an der Oberfläche verharscht, der Stiefel bricht ein, auch die Rehschale, nur die federleichte, länglich-runde Prante schwebt mühelos über ihn hinweg; das ist ein ideales Hochzeitsparkett für die Tänzer im roten Rock.

Wieder der heisere Jauchzer, weit hinten im Wald. Die Ranz ist im vollen Gang – und zwei Patronen gleiten in die Läufe.

Mit langen Schritten stapft der Jäger hinüber in den Baumschatten, laut kracht der Schnee unter den Stiefeln, und dabei möchte man doch wie die Eule schweben in einer solchen Nacht.

Der Hochsitz an der Fischmeisterau, bester Fuchsplatz im Revier, ist bald erreicht, aber der Jäger schwitzt, denn entheiligend ist heute jeder Laut und die Leitersprossen knarzen gottserbärmlich. Endlich sitzt er oben, zieht den altbewährten Pelzsack über die Knie und prüft den Wind. Es ist kein Wind, der Mond hat ihn aufgesogen, die ganze Landschaft ist tot und erstarrt – nur die Füchse leben.

Unten, entlang des Entbachs, zwischen dem großen Mutterbau im Kalten Graben und dem Feldrevier, liegt der Hauptpaß, die uralte, berühmte Straße der Füchse. Nicht weit, nur 50 Schritte vom

Stand, mitten in der Au, die Überreste des großen Hochzeitsgelages der letzten Nacht, der hohle Brustkorb einer Rehgeiß, daneben, gleichsam sich selbst beglotzend, das Haupt, und wiederum zwei Schritt entfernt, wie ein verwehtes Blatt, ein abgefressener Lauscher. Ein Trauerfall im Walde sozusagen, aber für den Jäger, der seine Zehen zu vergessen bereit ist, eine überaus hoffnungsvolle Sache.

Der alte Waschkuttis war einst ein großer Meister auf der Hasenklage, die er auf der hohlen Faust blies, und dazu noch ein berühmter Imitator sämtlicher Mäusedialekte, bis hinab zum feinsten, aufstachelnden Silberpfiff. Aber alle großen Meister werden im Laufe der Zeit stiller und sparsamer im Gebrauch ihrer Kunst, das ist wohl ein Naturgesetz; das große Schweigen rückt näher und wirft seinen Schatten voraus. Der Jäger also schweigt, aber in der Ranz laufen die Füchse auch so und bald ist Mitternacht und die Fuchsstunde beginnt.

Der Mond steht jetzt mitten über der Au, der Schnee ist lilafarben, die Erlen am Bachufer leuchten schwarzviolett. Und plötzlich ist Leben da, ein winziges Pünktchen Leben bohrt sich irgendwo durch die tote Kulisse. Noch ist es nur eine Ahnung. Ein Gefühl mehr, das aus der Landschaft auf den Jäger überspringt. Das Glas geht langsam hinüber zum Waldrand am Fischmeistereck, dort ist das Zaubertor, durch das die Füchse kommen, heute wie vor tausend Jahren. Aber seltsam, auch diesesmal übersieht der Jäger des Roten Ausfahrt aus der Waldburg, urplötzlich, wie vom Himmel gefallen, wie vom Mond geboren, steht der Fuchs bei den Erlen am Bach, eine formlose dunkle Walze, aus der nun langsam Lunte und Gehöre wachsen. Jetzt biegt er aus dem Halbschatten des Bachufers ein in die Wiese und der Mond leuchtet ihm voll ins Gesicht. Und nun blüht er förmlich im Schnee. Das Glas faßt ihn, zeigt eine junge, hochläufige, fähenhaft schlanke Figur im hellroten Balg. Da hockt er sich breit und näßt und bestätigt nun selbst sein Geschlecht.

Eine Füchsin. Und sie schnürt zum Riß.

Da blendet den Jäger eine Bewegung zur rechten Hand, der

Herr Bräutigam, fährt es ihm durch den Sinn, und nun erfaßt ihn das Fuchsfieber mit aller Macht und läßt ihn den Zauber der Mondnacht schlagartig vergessen.

Die Füchsin steht am Riß und bewindet die Überreste des Bacchanals der gestrigen Nacht, und vom Bahnholz her, da macht sich ein alter Rüde auf die Socken, giert aus dem Baumschatten hinaus auf die Festtafel und das schlanke, hellrote Weib, tapst näher, überwindet seine Luderscheu, umrundet Weib und Fraß, die Glanzpunkte des Fuchslebens, und wenn er dann dort ist und seinen Leib an dem ihren reibt, besoffen von Ranzwittrung, blind vom weißen Mond, taub vom Brausen seines Bluts, dann will Meister Elch, Bruder aller Waldtiere, der Füchse im besonderen, seine Doppelflinte in Anschlag bringen und einen großen Salut schießen, dem Fuchsmond zur Ehre, der runden, kleinen Katrin zum Nutzen...

So malt es sich der Jäger aus, und alle Jäger, auch die alten und vielgeprellten, sind große Ausmaler und Vorausrechner vor dem Herren.

Die Salutkanone also geht in Stellung, aber nicht der erhoffte Doublettenrüde ist es, der vom Bahnholz herein, den Waldschatten nützend, sich Schrittchen für Schrittchen nähert, sondern ein – Mensch!

Augenblicks vergißt Jäger Waschkuttis seinen originellen Vorsatz, altmodische Wilddiebe mit 20-Mark-Geschenken aus dem Revier zu „wiehern", fühlt nichts als Wut im Bauch und richtet den Doppellauf drohend nach rechts.

Der Mensch kommt näher, unglaublich wie er gleitet, hüpft; völlig lautlos, wie ein Floh über den Schnee.

Die Füchsin am Riß wirft auf und sichert.

Der Schneespringer kommt näher, der Jäger nimmt ihn ins Glas, und tatsächlich hat der Kerl einen kurzen Stutzen unterm Arm. Aber bei näherem Hinsehen ist es nur ein gewöhnlicher Spazierstock, und bei noch näherem Hinsehn sieht der Bursche dem Katzentöter und Iltismörder vom Streckenwärterhaus verteufelt ähnlich. Die letzte Gewißheit bringt die Baschlikmütze, denn kein Mensch trägt hierzulande solche Kopfbedeckung, nur er, Elch, alter, dicker, eisenharter Ostpreußenschädel und Otterkopf, sein sklavisch-getreuer Jünger.

Da verschluckt Jäger Waschkuttis seinen Ingrimm und schielt grinsend zum Mond hinauf, zum mächtigen Fuchsmond, dem jeder echte Jäger gehorcht, die Alten mit Pelzsäcken ums gichtige Knochengerüst, die Jungen mit offenem Hemdkragen und heißem Räubergesicht.

Unschlüssig steht der Fuchs am Riß, den linken Vorderlauf angehoben und sichert zum Walde her. Unten kniet Fuchsjäger Otterkopf und zieht die Stockbüchse in die Schulter. Weich, wie in Öl getaucht, ist die Bewegung.

Ein Jäger bist du, denkt Elch, ja mehr noch, ein Gegenfuchs, aber nun will ich deine Nerven prüfen und wehe, wenn du mit der Wimper zuckst.

Und er läßt den rechten Schrotlauf abgehn.

Stichflamme und Donnerschlag, drunten ein kreisender, wirbelnder Totentanz. Und schon steht Otterkopf draußen am Riß, den Fuchs in der Faust und schreit, daß es hallt im ganzen Walde: „Gut getroffen, Elch, aber auf die Entfernung hätte ich ihn mit einem Tannenzapfen erschossen."

Elch schält sich aus seinem Fußsack, turnt von der Leiter und begutachtet den Fuchs. Es ist eine junge Fähe. Der Balg ist hell, aber dicht, die Lunte gut entwickelt. Otterkopf schlingt sich den Fuchs um den Hals und grinst:

„Ein bißchen schäbig, findest du nicht? Der Rüde war besser, er kam mir unten im Bahnholz. Er war fast schwarz und rund war er wie ein Ferkel. Ein Kohlfuchs aus dem Moorwald. Es fehlte nicht viel, dann hätte ich ihn am Schwanz gezupft."

„Lunte", verbesserte Elch, „oder Standarte", und bringt den Kopf in die berühmte schiefe Stellung. „Und im übrigen mag ich jetzt keine Rüden schießen, weil die Burschen ganz unverschämt stinken und das ist für eine halbwegs anständige Frau nicht zumutbar. Und Kohlfüchse mag ich schon gar nicht, denn die sehen aus, als wären sie gefärbt, und wenn es regnet, dann ist auch tatsächlich der Hals meist schwarz bei einer Frau, die so einen verdammten Kohlfuchs trägt."

Nach dieser Aufklärung stapfen sie zur Hütte, und Elch wartet mit einem heißen Tee auf, den Otterkopf dringend benötigt, denn er hatte, als ihn der Fuchsmond in seiner Kammer besuchte, so daß er wie elektrisiert hochfuhr und aus dem Fenster sprang, vergessen seine Schnürstiefel anzuziehen und war einfach strumpfsocken losgepirscht. Darum und weil der Fuchsmond, dem er den Schlaf der Jugend geopfert, ihm gut war, war er angestrichen gekommen wie eine Eule und wäre der Spazierstock an seiner Wange ein Gewehr gewesen, dann hätte Meister Elch auf einen Fuchs geschossen, der in dieser Sekunde bereits tot war.

Das sieht der Elch auch ein und genehmigt sich nach langer Zeit wieder einen tüchtigen Schuß Rum. Otterkopf, des Fuchsmonds jüngstes Opfer, darf an der Flasche lecken.

Und dann reden sie von Füchsen... Füchsen... Füchsen...

Josef Gehrer

Das letzte Duell

Die Bastgehörne reifen. Sie reifen wie eine Frucht, aber nicht das Fleisch, sondern der Kern ist wichtig.

Seine Majestät der Barbar haben verfegt. Aber welch eine Enttäuschung: Als die Haut weg war, ragten bloß noch ein paar rosarote Stifte aus dem Schädel. Er brauchte sich gar nicht erst im Wasser zu bespiegeln. Er fühlte es, da ist keine Masse mehr, kein Gewicht. Und als er polierte, da gab es fast gar keinen Widerstand, da blieb nichts hängen, da rutschte er an der Birke ab und fiel fast auf die Knie. Und auf den Knien war er noch nie – ein böses Omen!

Aber das Genick, das hatte noch einen Jahresring zugelegt, das war noch dicker und steifer geworden. Und das Herz? Nun, es schlug langsamer, wie bei allen alten Knaben, aber es schlug durch, tromm, tromm, daß die Rippen zitterten. Und die Läufe, die waren so sehnig und eisern wie eh und jeh.

Mochten sie kommen!

Und sie kamen.

Erst der Gegenkönig vom Kalten Graben, alt, gelassen, turniererfahren und ebenso überheblich wie er selbst. Es war ein Blödsinn, sich mit dem überhaupt zu duellieren, denn jeder hatte seine angestammte Provinz, es ging buchstäblich um das leere Renommee. Es war ein Kampf der Profis und ebenso trickreich wie langweilig. Der vom Kalten Graben hatte die Schau, aber der alte Brennesselbock siegte auch diesmal nach Punkten. Sie hatten sich nicht wehgetan. Es war der vierte Rückkampf. Nach dem fünften werden sie sich umarmen und weinen.

Wenn es dazu kommt!

Aber es kommt nicht dazu!

Denn der Waschkuttische Erbbock hat endlich seine Windeln an die Buchen gehängt und stelzt heran mit breitem Kraftfutterschritt. Er ist soweit, er hat das Feuer und auch die Brisanz, und dem Herrn vom Brennesselwald zittern die Hinterläufe.

Sie visieren sich an.

Säbel gegen Dolch.

Und der Dolch gewinnt!

Waschkuttis Erbbock schont seither den rechten Hinterlauf. Im nächsten Jahr werden ihm aus den Rosenstöcken vermutlich krumme, verdrehte Korkenzieher wachsen. Zum Angedenken an die Barbarenschlacht.

Aber dann bricht der Sturm, der Tornado, über den alten Despoten herein, und er nennt sich – Barbar Junior! Er kommt aus dem großen Wald, jenseits des Bahndamms, und ist ein simpler Gabler und ein lässiger, handfester Bursche, weiter nichts.

Aber er hat den Barbarenmut!

Und er ist schlank um den Hals und glatt und wendig. Er hat den Haarwechsel hinter sich und glänzt wie ein Rennpferd. Er ist weich und gelöst in seinen Bewegungen, und er hat nichts zu verlieren – außer sein Leben. Und was Leben ist, das weiß er noch nicht. O scharfes Schwert der Jugend!

Der Alte hat noch die grauen Flecken des Winterhaars an den Flanken, und unter dem Winterhaar steckt ein Rest Trägheit und unter der Trägheit wiederum eine Lage Hochmut und ganz darunter, ganz nah am alten, langsam schlagenden Herzen, ein winziges Pünktchen Angst, nicht größer als eine Laus, aber lästig, sehr lästig. Ja, er weiß, was Leben ist, er hat es genossen im heißen Kornfeld, weit vorgebeugt über den zerbrechlichen Rücken der Geiß, oder im ersten Frühjahr, auf der Wintersaat, gierig rupfend, die Sonne im Fell, oder im hohen Sommergras, im Taubad, im himmelnahen Schlaf. Er weiß... und das ist die Scharte im Schwert der Alten! Vater Barbar versucht es also erst auf die sanfte Tour, wie im vorigen Jahr, aber der Herr Sohn zieht unmißverständlich den Nacken ein und bläst durch die Nüstern.

Da weiß der Alte, daß er sich stellen muß, er zerdrückt die Angstlaus an seinem Herzen und läßt rasselnd das Visier herunter. Und dann machen sie den Rücken krumm, legen die Lauscher an und stürmen aufeinander los mit der Kraft von Büffeln und der List von Katzen, ohne Stil und ohne Regel, aber mit hundert Finten und Tricks, die alle aus dem Blut kommen und aus dem Mark, und dann lodert das junge Schwert urplötzlich hinein in das Herz des Alten, durchdringt und durchglüht es, und da befällt ihn zum ersten Mal in seinem Leben die pure, nackte Angst, er gibt nach, weicht, wendet sich, und der Junge stürmt an ihm vorbei hinein in den Brennesselwald zu Fräulein Mimi, die schon rund und mollig ist, sich die Decke leckt und auf ein Wunder wartet.

Der alte geschlagene Despot aber zieht in seinen letzten Winkel irgendwo im stillen Waschkuttisland. Ein, zwei Jährchen noch mit des Jägers Gnade, dann kommt Odins Rabe, schlägt mit den Schwingen und spricht das dunkle, fürchterliche Wort. Und die Füchse feiern einen großen Tag, und irgendeinmal nagt ein Eichhörnchen oder eine Waldmaus an den klein gewordenen, bleichen Zacken einer Königskrone.

JOSEF GEHRER, geb. 1923 als Sohn eines Zollbeamten in Melleck bei Bad Reichenhall. Obwohl er immer den Wunsch hatte, Förster zu werden, war er beruflich als Finanzbeamter tätig, beschäftigte sich in seiner Freizeit aber als Wildfotograf. Nach kleineren Texten zu seinen Bildern, die in Zeitungen und Jagdzeitschriften erschienen waren, wagte er sich an das erste Buch mit dem Titel „Es bleibt ein Zauber", für das er 1964 den Literaturpreis des Deutschen Jagdschutzverbandes erhielt. In seinem „Waldhäusl" am Ebersberger Forst führt der Autor mit seiner Familie ein naturverbundenes Dasein.

Albrecht Fürst zu Hohenlohe-Jagstberg

Damschaufler und Mufflons

Schon lange ist es her – ich glaube, gute fünfzig Jahre –, als ich das erste Mal nach Schloß Wächtersbach kam, um einen Schaufler zu schießen. Ich war so aufgeregt, daß ich meine Patronen einzustecken vergessen hatte, was mir nur dieses einzige Mal in meinem langen Jägerleben passierte.

Die Schaufler waren damals nicht gut, weil es zu viel Wild gab. In der Brunft hatte jeder mindestens acht bis zehn Stück Kahlwild bei sich. Pirschte man hinter einem solchen Rudel her, eräugte einen todsicher eines der vielen Tiere. Setzte ich mich an, kamen alle möglichen anderen Hirsche, mit und ohne Harem, nur nicht der erwünschte.

Mufflons hatte man damals eben ausgesetzt. Sie vermehrten sich enorm schnell, und die Widder zeigten eine sehr gute Veranlagung. Sie verhielten sich unglaublich standorttreu und blieben in ganz bestimmten Revierteilen von Wächtersbach. Das ist auch heute noch so. Die Vermehrung erfolgte so rasch, daß wir in extra dafür gebauten Fängen eine ganze Anzahl Widder und Schafe fingen und verkauften. Mehrere gingen nach Laubach zum Grafen Solms-Laubach; ihre Nachkommen wurden die stärksten Widder Deutschlands.

Gegen Abend pirschte ich mit Förster Siebenlist gegen eine kleine Wiese, die mitten im Wald liegt und auf der einige Apfelbäume stehen. Von weitem sahen wir dort Damwild äsen. Als wir näher kamen, entdeckten wir einen gut veranlagten jüngeren Schaufler, der auf den Hinterläufen stand und die Äpfel vom Baum pflückte. Wurde ihm das zu langweilig oder zu anstrengend, schlug er mit dem Geweih in die Äste, daß es Äpfel nur so regnete. Sofort kam das Kahlwild angetrollt und half ihm, das gefallene Obst fein säuberlich aufzulesen.

Einmal kamen wir von oben her an einen großen Hang mit Buchenaltholz. Ich meinte, Waldarbeiter bei der Arbeit zu vernehmen, und wollte mit dem Bemerken kehrtmachen, daß eine Pirsch in diese Richtung wohl keinen Wert hätte. Doch mein Begleiter bat mich, schnell bis zur Kante vorzugehen, denn sicherlich wären das zwei kämpfende Widder.

Da standen in sechzig Meter Entfernung tatsächlich zwei recht gute Widder einander gegenüber. Langsam gingen sie Schritt für Schritt etwa zwanzig Meter zurück, um dann aufeinander loszusausen. Mit lautem Knall prallten sie mit ihren Schnecken zusammen, daß es sie einen halben Meter zurückwarf. Das geschieht mit solcher Wucht, daß manchmal ganze Stücke aus den Schnecken herausbrechen. Wütend, mit verdrehten Lichtern, stierten sie einander an und begannen dann, das Unternehmen zu wiederholen, und zwar so oft, bis einer beim Zusammenprall vorn in die Knie ging. Das sah wie eine Kniebeuge aus, denn er stand sofort wieder voll da. Doch dann machte er plötzlich kehrt und eilte mit dem Mufflons eigenen federnden Troll von dannen, ohne daß ihn der Sieger verfolgte. Dieser äugte ihm eher verwundert nach.

Viele Jahre später quartierten Fürst Ysenburg und ich uns für einige Tage in einem kleinen Jagdhaus mitten im Revier ein, von wo aus wir unsere Pirschgänge unternahmen. Mittags und abends kamen wir wieder dort zusammen. Beim Essen sagte Pucky zu mir: „Herrgott, jetzt fällt mir erst ein, du wolltest doch einmal einen Muffelwidder schießen. Aber da du ja leider nur noch heute nachmittag Zeit hast, kann ich für nichts garantieren. Aber versuchen kannst du es jedenfalls. Die einzige Chance ist bei Förster Leo, ich rufe ihn sofort an, bringe dich rauf und hole dich abends wieder ab. Dort steht ein kapitaler Widder. Es würde mich ganz besonders freuen, wenn du ihn bekämst."

Aber Förster Leo machte mir alles eher denn Hoffnungen. Er steuerte sofort auf einen Revierteil zu, in dem er sich die einzigen Aussichten versprach, wenn es überhaupt welche gab.

Wir erreichten ein ziemlich dichtes Buchenstangenholz in leichter Hanglage. Überall lagen Steine aller Kaliber umher, und dazwischen rieselte Wasser zu Tal. Offenbar ein idealer Sommereinstand für das Muffelwild. Schritt für Schritt auf einem Weg ganz langsam dahinpirschend, waren wir schon ziemlich weit vorwärtsgekommen und hatten noch nichts entdeckt. Plötzlich hörte ich hinter mir ein leises „Pst!" Wie angewurzelt blieb ich stehen und drehte mich ganz langsam zu Leo um. Der winkte mich mit dem Kopf zu sich und zeigte mir dann im dicksten Zeug auf etwa achtzig Meter in einer Lücke einen Widder. Der wäre leicht zu schießen gewesen. Vorsichtig schoben wir uns vor. In der nächsten Lücke bekamen wir das Haupt frei. Jung, aber bereits eine sehr gute Schnecke, und die Spitzen kamen vorn schon hoch. Wir suchten weiter. Ein Schaf, noch eines, drei vier. Die zogen dauernd hin und her. Lautlos schoben wir uns weiter. Da, der Spiegel eines Widders. Im Wildbret sehr stark, das Haupt leider verdeckt, weil er vor sich hindöste. Endlich hob er das Haupt. Der Kapitale!

Ich hatte noch nie einen Mufflon geschossen. Bei meinem ersten und einem so starken wollte ich todsicher gehen. Vom Weg aus aber war das unmöglich, ich mußte hinein, und das erschien sehr riskant. Deshalb zog ich meine Schuhe aus, pirschte vorsichtig auf den Widder zu und behielt stets die Schafe und den anderen Widder im Auge. Zogen die Schafe auf mich zu, blieb ich stehen, zogen sie wieder weg, pirschte ich weiter. Endlich war ich auf vierzig Schritt dran. Der andere stand vollkommen frei. Mit gestochener Büchse stand ich, an einer Buche angestrichen, fast eine halbe Stunde und wartete, daß er sich einmal breit stellt. Aber er rührte sich nicht, zeigte mir weiterhin nur den Spiegel, und ich konnte das Gewehr kaum noch halten.

Da kommen die Schafe äsend direkt auf mich zu, und als das erste mir fast auf den Fuß tritt, bekommt es Wind. Ein Pfiff, und weg sind sie alle.

Auf der Heimfahrt sahen wir kurz vor dem Verlassen des Waldes an einem Zaun zwei Stück Muffelwild. Ein Schrei des Jagdherrn: „Der Eingewachsene, schieß ihn!" Mit einem Satz sprang ich aus dem Wagen, das Wild ging jedoch schon flüchtig ab. Ich rannte die Straße bergauf, in der Hoffnung, den eben um einen Kopf verschwindenden Widder noch einmal zu sehen. Da flüchten die beiden gerade durch eine Senke und den nächsten Kopf hinauf. In meiner Verzweiflung rannte ich weiter. Nun erscheinen sie um den Kopf herum und flüchten auf etwa hundertdreißig Meter im rechten Winkel zum Waldweg. Jetzt oder nie! Zuerst überfällt das Schaf den Weg. Als der Widder folgt, ist die Kugel draußen. Er stürzt mitten auf den Weg, schlegelt noch einmal, ist dann verendet.

Mein erster Widder. Mit starker Schnecke, in der ganze Brocken, beim Kämpfen ausgebrochen, fehlten. Die Spitzen waren bereits hinten im Träger eingewachsen, was ihn im nächsten Jahr ohne Zweifel hätte eingehen lassen.

Erst 1964 kam ich wieder auf Schaufler nach Büdingen. Hier darf ich einfügen, daß Fürst Ysenburg von seinem verstorbenen Onkel im Jahre 1941 Büdingen geerbt hatte, ein herrlicher Besitz von über zehntausend Hektar sich nun in einer Hand befand. Freilich traf ich ganz andere Wildverhältnisse wie ehedem an. Kein Wunder, denn einmal hatten nur ganz geringe Restbestände die Besatzungszeit überstanden, zum anderen wollte man keine solche Wildmengen mehr, um die Geweihbildung zu verbessern. Und das ist absolut gelungen. Die Spitzenschaufler der letzten Jahre ragen doch weit über alles hinaus, was je in Büdingen und Wächtersbach zur Strecke kam.

Zunächst mußte das große Revier wieder einigermaßen bevölkert und gleichzeitig mit einem intensiven Hegeabschuß alles schlecht Veranlagte ausgemerzt werden. Ein guter Schaufler braucht nun einmal mindestens acht bis zehn Jahre, bis er schußbar ist, und man soll sich ja nicht einbilden, es wäre so leicht, in einem geschlossenen, großen Waldgebiet ohne Wiesen und Felder einen bestimmten Schaufler zu erlegen.

In der Brunft besteht eigentlich die einzige Möglichkeit dazu. Nicht die ersten Brunftschreie, ein für solches Wild eigentlich lächerliches Gerülpse, zeigen den Beginn der wirklichen Brunft an, sondern das Wandern der stärkeren Hirsche zu den Brunftplätzen. Dies beginnt, wie bei Rothirschen, jedes Jahr fast auf denselben Tag Ende Oktober. Wird einer der starken Schaufler, von denen die bekannten ihren eigenen Namen haben, von einem der Forstbeamten, die um diese Zeit Tag und Nacht unterwegs sind, gesichtet, dann gibt es Großalarm. Die benachbarten Revierbeamten werden ständig unterrichtet und erstatten ihrerseits Rapport über gemachte Beobachtungen. Die Gäste werden auf den Weg gebracht, und nun beginnt die Jagd nach dem Glück, denn anders kann man das wohl nicht ausdrücken.

Bei Tagesanbruch fährt man los. Nachts haben die Revierbeamten und der Leibjäger Heinz auf Brunftplätzen gute Stimmen gehört. Sicher ist das der „Schwarze“, den Revierförster Guntrum gestern nachmittag bei sich auf einem Weg allein suchend in diese Richtung ziehen sah. Wahrhaftig, dort meldet eine gute Stimme. Sobald man genügend sehen kann, pirscht man hin. Da saust tatsächlich der Hirsch mit zwei oder drei Stück Kahlwild im Bestand hin und her. Der Liebeskoller hat ihn all seiner Sinne beraubt, aber die verdammten Tiere passen für ihn umso mehr auf und haben „auf jedem Haar ein Auge“. Endlich kann man ihn ansprechen. Tiefste Enttäuschung, ein junger Zukunftshirsch.

Weiter pirscht man die ganze nähere und weitere Umgebung ab, in der Meinung, man müßte den „Schwarzen“ unbedingt finden, weil er doch sicher diesen Brunftplatz nicht ausgelassen hat. Dabei ist er bereits durch zwei weitere Reviere durchgewechselt und bei Wenk in Gettenbach auf dem Brunftplatz.

Eilt man dann, durch diese Nachricht alarmiert, hin, ist dort ein Riesenkrach, zwei oder drei Hirsche melden ununterbrochen. Man schleicht sich hoffnungsvoll an die Kanzel, bekommt zwei von dort aus zu sehen, pirscht den dritten an, denn er muß es ja sein. Alle drei zu jung! Der „Schwarze“ ist bereits über alle Berge, wurde von niemandem gesehen und hat wieder einmal seine Decke über die Brunft und somit für ein weiteres Jahr gerettet.

Dennoch sind diese Pirschen sehr unterhaltend, und man erlebt eine Menge, sieht Muffelwild und Sauen, schießt hie und da einen Abschußhirsch und hofft bis zur letzten Minute auf das besondere Weidmannsheil.

So traf ich mich nach vergeblicher Morgenpirsch um die Mittagszeit auf einer Höhe mit den drei Förstern, deren Reviere hier zusammenstießen. Es regnete, was vom Himmel ging. Wir verkrochen uns in meinen Wagen. Zuerst wurden die Erlebnisse ausgetauscht, dann aßen wir unsere Brote und rauchten, wobei die neuesten Witze die Runde machten. Die Fenster liefen so an, daß man dauernd wischen mußte. Als nun Seifried, der neben mir saß und gerade einen neuen seiner berühmt saftigen Witze erzählt hatte, wieder einmal an seinem Fenster wischte, entfuhr es ihm: „Da kommt ein Hirsch!“ Er kurbelte das Fenster herunter, da trollte wahrhaftig ein Stück Damwild bei strömendem Regen, auf dem Boden suchend, bis auf fünf Meter ans Auto her, ohne davon Notiz zu nehmen, drehte wieder ab, zurück Richtung Hang, wo es hergekommen sein mußte. Auf dem Haupt war nichts zu sehen. Seifried, der das Stück auf diese geringe Entfernung mit dem Glas angeschaut hatte, flüsterte mir zu: „Schießen, ein Mönch!“

Ich saß aber leider auf der falschen Seite, ergriff mein Gewehr, stürzte aus dem Auto und rannte hinter dem Mönch her. Als ich die Kante erreichte und den ganzen gut übersichtlichen Hang absuchte, war er wie vom Erdboden verschluckt. Seifried sah ihn später noch einmal auf einem Weg. Er wurde nie geschossen, auch nie mehr gesehen, weiß Gott, was aus diesem interessanten Hirsch geworden ist, der nur zwei große flache Platten auf dem Schädel trug. Heute vermute ich, nach meinem Erlebnis mit einem Rothirschmönch, daß vielleicht auch er wieder ein Geweih schob.

Im nächsten Jahr hatte ich nicht nur den meisten, sondern auch den besten Anblick. Jeden Morgen sah ich viel Sauen und Muffelwild, aber wieder keinen von den guten Schauflern. Außerdem hatte ich einen guten Widder frei.

Die Besatzungszeit hatte auch unter den Mufflons schwer aufgeräumt, nur ein ganz kleiner Stamm konnte sich im Wächtersbacher Teil retten. Da der Jagdherr dieses Wild wieder vermehren wollte, setzte er auf Anraten seines Schwagers Prinz Reuß Muffelwild aus Österreich ein, mit vernichtendem Erfolg! Diese Mufflons schälten schlimmer als das Rotwild, und nach Jahren wurde über diesen Stamm, der sich sehr stark vermehrt hatte, aus forstlichen Gründen das Todesurteil verhängt und vollstreckt.

Am ersten Morgen flüchtete ein guter Widder beim Tagwerden vor meinem Auto vorbei und wie der Satan unter alten Eichen davon, so daß ich keine Kugel loswerden konnte.

Eine Stunde später begegneten wir in einem lichten Buchenbestand einem starken Schaufler. Ich stand bereits im Anschlag, da ertönte der beruhigende Ausspruch: „Den dürfen wir nicht schießen, das ist der Hirsch des Fürsten!"

Am nächsten Morgen pirschte ich von einem Brunftplatz zu einem anderen durch ein Fichtenstangenholz, das vor Schälschäden weiß schimmerte. Also ein Lieblingsaufenthalt des Muffelwildes. Jäger Heinz war bei mir. Eine Bewegung ließ uns verhalten. Ein sehr starker Widder steuerte auf uns zu, so daß ich das Gewehr von der Schulter nahm und entsicherte. Da bekam ich wiederum die Beruhigungsspritze: „Das ist der gute Widder unseres Fürsten!" Auf vierzig Schritt stolzierte er ganz gemütlich an uns vorbei.

Nachmittags setzte ich mich auf dem Brunftplatz am Steinhäuschen an. Wir saßen auf Jagdstühlen frei an einer alten Buche. Plötzlich flüsterte mein Begleiter: „Da vorn kommt ein Widder." Im Glas erkannte ich, daß die Schnecke nur links stark entwickelt war, rechts hingegen lediglich stummelförmig. Eine interessante Trophäe! Ich griff nach der Büchse, die auf meinen Knien lag. Da erhielt ich die nächste Spritze: „Das ist der Einschneckige unseres Fürsten!" Der Widder zog ganz langsam direkt auf uns zu, verhielt keine zehn Schritt von uns auf einem Abfuhrweg. Zuerst äugte er uns an, fand es anscheinend absolut in Ordnung, daß wir dorthin gehören, sicherte dann an uns vorbei den Hang hinauf, zog ganz friedlich dorthin und verschwand. Noch nie konnte ich einem Widder so nah und genau in das alte, griesgrämige Gesicht schauen!

Zu Hause erklärte ich dem hohen Jagdherrn, ich sei heute im Paradies gewesen. Wohin ich schaute, überall verbotene Früchte. Jahrelang schon hatte er versucht, diese beiden Widder zu schießen, doch erst im folgenden Jahr sollte er sie bekommen.

Im Jahr darauf ging es ganz dumm zu. Von den schälenden Widdern lebte nur noch einer, der recht gut war. Diesen sollte ich schießen. Außerdem sollte ich den sagenhaften Schaufler „Barbarossa" erlegen. Welch schöne Musik, doch es blieb nur bei der Musik! Zwar wurden beide erlegt, aber nicht von mir.

Heinz meinte am ersten Morgen, wir schießen zuerst den Widder, denn er wollte, daß ich beide bekam. Als wir um eine Kurve biegen, kommt der Widder flüchtig aus einer kleinen Kultur durch Fichtenaltholz vor unseren Wagen. So schnell ich auch aus dem Auto sprang, er hatte sich bereits mit einer Flucht über den Weg ins Dicke gerettet. Tagelang trieben wir uns in dieser Gegend umher, ohne ihn jemals wieder gesehen zu haben.

Eines Tages schlug ich Heinz vor, am Steinhäuschen anzusitzen. Aber dort saß ein Forstmeister auf einen Schaufler an, den er fehlte. Da er angab, den Hirsch angeschweißt zu haben, setzte eine riesige Nachsuche ein und damit eine enorme Beunruhigung der ganzen Gegend. Am nächsten Morgen fuhren wir in einen anderen Revierteil und kamen zufällig am gegenüberliegenden Hang vorbei. Da steht der Hirsch gesund und munter mit drei Stück Kahlwild. Ich schoß ihn extra nicht und gab mittags in Büdingen die Meldung ab. Nachmittags hörten wir Richtung Steinhäuschen einen Schuß. Wir dachten uns noch, jetzt hat der Forstmeister endlich den Schaufler. Als wir abends nach Hause kamen, lag im Schloßhof unser Widder auf der Strecke. Er war dem Forstmeister gekommen...

Heinz und ich schauten einander nur an, gedacht haben wir uns sicher dasselbe.

Nun können wir uns voll dem Sagenhirsch „Barbarossa“ widmen. Wir brauchten zwei Tage, bis wir ihn spätabends fanden. Es war aber schon so spät, daß wir ihn vielleicht vergrämt hätten. So zogen wir uns zurück. Heinz meinte, den bekommen wir morgen früh todsicher.

In Büdingen wurde ich für den nächsten Tag in ein anderes Revier eingeteilt. Heinz sollte mit dem jungen Fürsten von Birstein, der am nächsten Morgen zum ersten Mal auf Schaufler kam, in meinem Revier pirschen. Ich schaute Heinz bloß an und begegnete seinem mitfühlenden Blick, denn er wußte genau, daß ich nun auch um diesen Hirsch komme.

Morgens fuhr ich trotzdem bei Dunkelheit mit Förster Mohr hin. Bei Tagesgrauen ging ich den schreienden Hirsch an. Ich sah unter den alten Huteichen den brunftenden Hirsch mit seinem Kahlwild und hätte ihn bequem anpirschen und schießen können, aber ich zog mich zurück und fuhr in das andere Revier, wo ich den ganzen Tag pirschte, ohne ein Stück zu sehen. Eine Stunde später hörte ich den Schuß!

Ich habe das Geweih nie gesehen, denn der glückliche Erleger war gleich wieder heimgefahren und hatte das Haupt mitgenommen. Es soll der beste Schaufler gewesen sein, der dort je erlegt worden ist.

ALBRECHT FÜRST ZU HOHENLOHE-JAGSTBERG, geb. 1906 als drittes von sechs Kindern auf Schloß Bartenstein nahe Niederstetten/Württemberg. Neben seinen Hobbys, der sportlichen Betätigung wie Autorennen, Segeln und Fischen, festigte sich seine Liebe zur freien Natur, wobei die Jagd an der Spitze seines Lebens stand.

Nach dem Krieg galt sein ganzer Einsatz dem Wiederaufbau der schwer zerstörten Stadt Niederstetten sowie des Jagdwesens als Kreisjägermeister des Kreises Bad Mergentheim. Bald darauf eröffnete er in Niederstetten sein eigenes Jagdmuseum. Er lebt auf Schloß Haltenbergstetten.

Heribert Horneck

Jägerbeichte

Niemand hat es nötiger, von Zeit zu Zeit Beichte abzulegen, als der Jäger. Und dies, weil heutzutage niemand *mehr* Herrscher ist, König, Herr über Tod und Leben und somit verantwortlich für das ihm anheimgegebene Stück Welt aus Wald, Wasser und Wiese, als er. Und darum auch sei nun ein Schritt aus der bunten Welt des Erlebens und hinein in das schwarzweiße Reich der Gedanken und Begriffe gewagt. Ein mühsamer Schritt für den Schreiber und ein noch mühsamerer für den Leser, aber ein notwendiger Schritt für ein Buch, das nicht zuletzt auch ein Jagdbuch ist. Kein eigentliches zwar und keines von denen, die dem Leser den Atem mehr oder minder stocken lassen vor Ehrfurcht vor dem Nimrod und Bewunderung für seine Taten, aber doch eines, das der Jagd als einer zutiefst menschlich-natürlichen Betätigung gerecht werden möchte, neben all dem vielen anderen, das den Menschen ausmacht, die Landschaft und das Leben.

Von den vielen Polaritäten, zwischen denen das menschliche Leben gespannt ist, gewinnt diejenige zwischen Natur und Kultur umso größere Bedeutung, je mehr sich der Mensch durch die Zivilisierung aller Lebensbereiche über das natürlich Gegebene hinwegsetzen zu können glaubt. Nicht, daß es nicht genug der Warner gäbe! Aber der Hörer sind zu wenige! Der Hörer, die begreifen, daß jeder Weg, der von der Natur als der Quelle aller echten Kultur wegführt, zum Ende des Menschen, zuvor aber noch zum Ende des Menschlichen führen muß, und mag er noch so unter der Fahne des Fortschritts beschritten sein. Und in niemandes Gesichtsfeld steht diese Frage klarer und deutlicher als in dem des Jägers *und* Kulturmenschen, der sich seiner Entwurzelung bewußt geworden ist; der die unberührbaren Quellen der Kultur zu suchen begonnen hat und dessen Wünschelrute gleichsam die Jagd war; der zum heimatlosen Wanderer zwischen Stadt und Land wurde, bis es ihm dämmerte, daß die Heimat, die er suchte, jenseits aller dürren Begriffe liegt. Darum ist die Bedeutung der Jagd gerade heute noch weitaus größer als man gemeinhin annimmt. Sie ist mehr als Sport, Vergnügen oder eine Reihe volkswirtschaftlicher Maßnahmen. Sie ist ein Weg zur Natur. Nicht der einzige, aber einer der geradesten. Ein Weg, der freilich nur dem offensteht, der den Bratenrock menschlicher Vorurteile auszuziehen und die Brille des Ästheten abzutun vermag. Denn die Natur ist Wirklichkeit. Nicht die letzte zwar, aber gewiß die letzte, die wir erkennen können. Sie ist groß wie der Gott, der sie schuf, und in ihrer weitgesteckten und uns vielfach noch unbegreiflichen Zielsetzung unmenschlich hart. Und sie ist schön und jungfräulich wie am ersten Tag. Aber ihre Schönheit offenbart sich in ihrer letzten Tiefe nur dem, der die Wirklichkeit hinter dem bequemen Trug alltäglicher Menschlichkeit zu ertragen vermag. Nicht dem Spießbürger, nicht dem wirklichkeitsfernen Ästheten und auch nicht dem weichlichen Schwärmer. Bisweilen aber dem einfachen Menschen, der sich selbst als Natur begreift. Dem Jäger vor allem. Denn die Jagd ist ihrem Wesen nach ebenso naturhaft wie menschlich. Und Leib, Seele und Geist vermögen in ihr wieder eins zu werden, wenn der Mensch sie nicht verfälscht.

„...vergib uns unsere Schuld, wie auch wir vergeben unseren Schuldigern...“ Keiner fast bei uns, der diese Worte nicht schon gehört oder wohl auch gesprochen hat, wenige aber nur, die ihrem Sinn nachleben. Die meisten vergessen sie wieder ob all dem Pharisäertum, dem Schriftgelehrtendünkel, der Dummheit und Oberflächlichkeit des Alltags. Wer aber herrscht, darf nichts vergessen, am wenigsten die eigene Fehlbarkeit. Auch der Jäger darf und kann es nicht. Er kann es nicht, weil er immer wieder aus dem die Stimme des Gewissens übertönenden Lärm der Städte heraus- und in das tiefe Schweigen der Landschaft hineintritt; weil er über den Wipfeln der Bäume, den Wellen des Wassers und den Spitzen der Gräser die unbestechliche Stille des Himmels hört – und diese Stille nicht lügt und nicht lügen läßt. Und er darf es nicht, weil er Verantwortung trägt für das Leben, über das er sich zum Herrn gesetzt hat für kurze Frist und auch, weil es außerhalb des eigenen Gewissens etwas gibt, das unbestechlich ist wie der Himmel und unbeirrt von Konventionen und Gewohnheit seinen Spruch fällt. Und dies sind die Kinder, diejenigen also, die einst den Tag zu bestehen haben werden, wenn für uns längst Feierabend geworden ist. Um ihretwillen vor allem sei hier Beichte abgelegt. Jägerbeichte. Trocken und ernst und nicht zur Unterhaltung für den Leser...

Das kalte Licht der schmucklosen hölzernen Stehlampe, das über meinem Schreibtisch und den Büchern liegt und das übrige Zimmer in ungewissem Halbdunkel beläßt, verleiht den Jagdtrophäen, die ober mir an der Wand hängen, ein seltsames Leben. Nicht jenes bunte und poesievolle Leben ist es, das seine Wurzeln in den tausendfältigen Erinnerungen hat, die sich an sie knüpfen, sondern ein anderes, grauenvoll eintöniges, maskenhaftes. Furchterregend fast wirkt der Dachskopf da oben, schrecklich in der erstarrten Gebärde des Zähnefletschens, und das ausgestopfte schwarze Gamshaupt mit den scharfgehakelten Krucken sieht jetzt aus, als wäre der Teufel selbst hier aus der Wand gefahren. Grün schillern die gläsernen Augen der Hahnen unter dem bizarren, sinnberaubten Knochengezacke der Hirschgeweihe und Rehkronen, und aus den gespenstischen Schatten an der Wand formen sich Tierleiber mit dem bewußten kreisrunden, kleinen bläulich-roten Loch in der Decke. Tierleiber über Tierleiber, ein schauriger Alb. Da schalte ich das große Deckenlicht ein, damit es den Spuk vertreibe. Und wirklich! Was bleibt, sind tote Knochen, Federn, die vom Staub matt und unansehnlich geworden sind, Glasaugen und Holzschilder mit weißen Inschriften, die aber jetzt nicht an bis zur Neige erfüllte Weidmannsfreuden und das ganze freie und herrliche Leben draußen erinnern, sondern lediglich an das naturhistorische Kabinett eines Kleinstadtmuseums. Und noch etwas bleibt in dem grellen, verhaßten, ich weiß nicht wievielkerzigen Licht: Die Frage nach dem Sinn und der Berechtigung des Jagens.

Gott allein weiß, warum mir diese leidige Frage im Revier draußen oder abends in der vom warmen Licht der Petroleumlampe und dem wohligen Knacken der Fichtenscheiter erfüllten Jägerstube des alten Bauernhofes am Berg nie gekommen war. Vielleicht bloß, weil ich zu müde war zum Fragen oder auch, weil ich zuwenig Abstand hatte zum althergebrachten Ablauf der Dinge.

Wenn ich mein Gewissen erforsche und zurückdenke, weit zurück, bis in jene Zeit, in der ich als kleiner Bub am grünströmenden Fluß fischte oder mit einer Luftdruckpistole der Spatzenjagd oblag, so finde ich nichts, was mir Aufschluß gäbe über den Sinn der Jagd. Vielleicht ist die Jagdleidenschaft ein elementarer seelischer Tatbestand, der nicht weiter zergliederbar ist und darum auch nicht näher erklärt werden kann. Fest steht nur, daß mir die Jagd damals wie heute Vergnügen, ja Freude bereitet hat und ich sie damals wie heute um eben dieser Freude willen ausgeübt habe. Und dies ist das gleichsam fundamentale Bekenntnis, das ich dieser Beichte, dieser grundsätzlichen und darum von vornherein höchst fragwürdigen Auseinandersetzung mit der Jagd voranzustellen habe. Denn wie überall im Leben, so fangen auch in der Jagd Moral und Unmoral erst dort an, wo auch das Vergnügen anfängt. Und je mehr des Vergnügens – kein Zweifel! –, desto größer auch die Gefahr der moralischen Abirrung. Die ist eine ebenso bittere wie unbestreitbare Tatsache!

Gewiß, die Jagd ist notwendig. Sie war es damals, als von der Fällung eines Stückes Wild oft das Leben einer ganzen Sippe abhing, und – sie ist es heute noch. Sie ist es um der Hege, um der Auslese willen, die früher das inzwischen ausgerottete Großraubwild traf, und sie ist es um des Schutzes der Kulturen willen. Denn wo käme man hin, wenn die Hirsche fräßen, was der Mensch gesät hat! Und der Mensch ist zahlreich geworden, und es gibt nicht mehr viele Flecken auf der Erde, wo er noch nicht sät, wennschon auch nicht überall Getreide oder sonstiges Gutes. Und sie wird solange notwendig sein, solange die vom Menschen besiedelten Teile unserer Erde freilebenden Tieren noch Heimstatt gewähren. So müßten wir sie auch ausüben, wenn wir keine Freude hätten an ihr, so wie der Mensch ackerbauen muß und viehzüchten! Zweifellos. Ebenso zweifellos jedoch, daß wir sie nicht deshalb, sondern um des Vergnügens willen üben. Und deshalb hilft uns die Notwendigkeit der Jagd für unsere Fragestellung, die letztlich eine moralische ist, nichts. Denn nichts ist gut auf der Welt, es sei denn ein guter Wille. Nichts anderes! Und die Entscheidung hierüber fällt das eigene Gewissen.

Die Freude an etwas bedeutet zweifellos einen hohen Wert. Es kommt bloß darauf an, woran man Freude empfindet. Verschiedene Jagdtheoretiker haben den Grundsatz aufgestellt, daß in der Jagd die Freude an der Beute im Vordergrund steht und dem Wesen der Jagd mit dem Beutetrieb an den Leib zu rücken versucht. Gewiß doch zielt jegliche Jagdausübung auf die Erbeutung eines Wildes ab. Und selbstverständlich ist die Beute ein wesentlicher Teil des Jagens. Aber kommt es uns Heutigen nicht längst viel mehr darauf an, gejagt als etwas erbeutet zu haben? Und setzt nicht das Erbeuten des Wildes das Jagen voraus? Der Fleischhauer erbeutet nicht den Ochsen, den er sticht. Er hat auch keine Freude an seiner „Beute", wenn er normal veranlagt ist. Oder mit anderen Worten: Man kann sehr wohl gejagt haben, ohne etwas erbeutet haben zu müssen, aber man kann nichts erbeuten, ohne vorher gejagt zu haben. Wäre dem nicht so, wäre also die Beute an und für sich der Zentralbegriff allen Jagens, müßte der Massenabschuß an der Fütterung einen Höhepunkt jagdlichen Erlebens bilden, und der Jagdgast ohne jagdliches Können und Wollen, der, vom Berufsjäger an das Wild gebracht, nur mehr den Schuß und den berühmten Griff ins Volle zu besorgen hätte, wäre der Auserkorene, St. Huberti schlechthin. Doch nein! Das ist er nicht. Er ist vielmehr – und das ist das Entscheidende für unsere Frage – trotz einer Beute, von der mancher Jäger vielleicht kaum zu träumen wagt, überhaupt kein Jäger. Er ist es nicht, auch wenn er mit dem kapitalen Geweih „seines" Hirsches auf einer Jagdausstellung eine Medaille gewonnen hat und er sogar in gewissen Kreisen als berühmter Jäger gilt...

So ist es also nichts mit dem Beutetrieb. Und daher muß es wohl das Jagen selbst sein, das uns die Freude macht, die anrüchige und moralisch verdächtige. Das Jagen, das seinem Wesen nach keine Erfüllung kennt, die Beute, die nicht mehr ist als kurze Befriedigung und Atemholen vor neuer Jagd. Wenn man dies bedenkt, dann ist es, als wetterleuchtet durch das Gespinst der Konvention die Dämonie der Urnatur, vor der alle Medaillen und der ganze auf Komfort und Sicherheit hin überorganisierte „moderne Jagdbetrieb“ nichts, das glühende, leidenschaftsdurchpulste und dem Zwiespalt anheimgegebene Jägerherz hingegen alles bedeutet. –

Aus der im Dunkel hinter den Fenstern zu ahnenden Steinwüste der Stadt, dort, wo ich im schmalen Hof zwei Fichten weiß, klingt das gespenstische Lachen des Steinkauzes und schlägt fremd und seltsam in die kultivierte Geborgenheit meines Arbeitszimmers. Für einen Augenblick lösche ich das Licht und schaue aus dem Fenster hinaus in die Nacht. Ich kann ihn nicht sehen. Zu geblendet sind meine Augen, zu gut verborgen ist der wilde Sänger. Jetzt erst merke ich, daß es gar nicht so finster ist draußen. Der Mond schüttet sein Licht über längst erloschene Fensterreihen und hoch ragende Dächer. Weißleuchtende Wolken jagen über den Himmel aus blauem Marmor...

Zwei Welten – auch hier! Eine beunruhigend große, göttliche draußen und eine beruhigend kleine, heimelige und menschliche herinnen. Und wie der Steinkauz wieder lacht und ein leichter Windstoß die beiden Fichten aufrauschen macht, ist sie auch schon wieder da, die unbändige Sehnsucht nach dem Berg und dem Wald; nach einer Welt, die unendlich größer ist als die des Parketts. Das hat nichts mehr mit Jagdleidenschaft zu tun. Es ist die Sehnsucht nach dem Ursprung. Und diese Sehnsucht ist es wohl auch, die weit über alle Jagdleidenschaft hinaus die Einstellung des Jägers und all sein Tun und Lassen im Revier bestimmt.

Die Jagd ist nur aus dem Menschlichen heraus zu verstehen. Der jagende Mensch, der sich bei seinem Tun selbst in das Naturhafte zurückbegibt, geht, soweit er Kulturwesen ist, in ihm nicht auf. Niemand kann sein Menschentum abtun, und nur Kinder und Narren hängen – unberührt von Schuld und Irrtum – ihren Träumen nach. Das Herz kann dem Verstand und die Leidenschaft dem Spruch des Gewissens nicht entrinnen – und umgekehrt. Und wenn der Mensch jagt, dann ist er ganz Mensch, nichts sonst als sich selbst vergleichbar. Und wie dieser steht er bei allem, was er tut, inmitten der Begriffe Gut und Böse, die das Herz so klar und unbeirrbar zu erkennen und zu trennen weiß, solange der Verstand sich nicht darum bemüht. Er spricht sie nur nicht aus und übersetzt sie in seine schlichte Sprache. Natürlich und unnatürlich sagt er. Und wenn man es recht bedenkt, können die beiden auch gar nichts anderes bedeuten. Was sollte auch schon schlecht sein, was natürlich ist! Natürlich: der Natur entsprechend und den ihr innewohnenden Entwicklungskräften. Und dies ist nicht leeres Spiel mit Worten, sondern Bekenntnis dessen, der weiß, daß auch der Mensch – sterblich oder unsterblich – ein Teil der Natur ist; der weiß, daß „natürlich“ für den Menschen nicht tierhaft, sondern der „Mensch-Natur“ entsprechend bedeutet. Und solche Art von Natürlichkeit ist wiederum nicht nur dem Jäger höchstes moralisches Ziel, sie ist *das* höchste moralische Ziel überhaupt!

Die Moral des Jägers heißt Weidgerechtigkeit. Weidgerechtigkeit und jagdliches Können sind nicht dasselbe. Das Können wurzelt im Instinkt, in der Vertrautheit mit der Natur, in der Entschlußfähigkeit und nicht zuletzt auch in der Schießfertigkeit des Jägers. Sein Maßstab ist der jagdliche Erfolg. Demgegenüber kommt die Weidgerechtigkeit aus Bereichen, die sozusagen ein Stockwerk höher liegen im Menschlichen. Sie ist die Absicht, das jeweils Beste zu tun, die eigenen Triebe zu beherrschen; sie ist die Ehrfurcht vor dem Leben und der Versuch, seine Stellung im Naturganzen zu erkennen und zu erfüllen. Ihr Maßstab ist das Gewissen! Während das jagdliche Können größtmögliche Verbundenheit mit dem jagdlichen Milieu erfordert, setzt die Weidgerechtigkeit Distanz zu diesem, eine gewisse Willens- oder Wahlfreiheit und ein bestimmtes Maß an Erkenntnis ebenso voraus wie das Vorhandensein der Jagdleidenschaft. Der leidenschaftslose Nichtjäger, der sich eines Hegebockes freut, ohne ihn zu erlegen, begeht keine moralische Tat. Der fast noch tierisch unschuldige, seinem Milieu zur Gänze verhaftete primitive Waldläufer, der ohne jegliche Kenntnis von Bedeutung und Zweck des Jagens und Hegens dem Wild nachstellt, der jenseits von Gut und Böse jagt und beutet, kann ebensowenig gegen die Weidgerechtigkeit verstoßen wie der Adler, der über den Karen kreist. Hier tut sich ein Zwiespalt auf. Und in diesem, den Weidmann durch sein ganzes

Tun begleitenden Zwiespalt zwischen Kopf und Herz, Können und Wollen, Trieb und Verantwortung liegt die ganze Problematik des Weidwerks und mehr noch: ein Mysterium des Menschlichen überhaupt. Denn nicht nur der Jäger gerät im Revier immer wieder in den Zwiespalt zwischen Leidenschaft und Verantwortlichkeit, Instinkt und Vernunft, Lust und Gewissen. Jeder Mensch kennt ihn. Und nur wenige Begnadete sind es, bei denen er sich schließt im Laufe eines, an innerer Erfahrung reichen und von sich stets erneuernden Kämpfen zerrissenen Lebens.

Manchmal ist mir, als gäbe es nichts Sinnloseres als ein grundsätzliches Gespräch über die Jagd. Denn ihr ganzes Wesen ruht im menschlichen Erlegen. Wer anderes erlebt, jagt auch anders und unter anderen Voraussetzungen. Ähnlich geht es auch mit der Liebe. Und ähnlich, wie sich der Eros zum Geschlecht verhält, verhält sich das Naturgefühl, das ja letztlich ein Gefühl der Rückverbundenheit ist, zur Jagdleidenschaft. Hier wie dort bedeutet die äußere Gebärde so gut wie nichts, das Erleben hingegen alles. Nirgends ist das Wort von den beiden, die das Gleiche und doch wieder nicht das Gleiche tun, berechtigter als in diesem Zusammenhang. Wer schon kann im Bereich der wesenhaften Nuancen aus dem allzu groben Wort Allgemeingültiges formen, wer den ganzen Sachverhalt aufzeigen, wo es tausend Sachverhalte gibt, und wer auf alle Fragen antworten, wo ihm schon eine einzige fast die Rede verschlägt: die Frage nach der Berechtigung des Tötens! Des Tötens durch den Jäger überdies, der dem Tier verbunden ist wie keiner sonst. Gibt es heute einen Menschen auf der vom Menschen gemarterten Erde, für den das Wort Albert Schweitzers von der Ehrfurcht vor dem Leben nicht verbindlich wäre? Läßt sich, wenn man dieses Wort anerkennt, die Lust am Jagen und Erbeuten, das folgerichtig ein Töten ist, überhaupt noch rechtfertigen?

Fragen über Fragen! Und sie alle miteinander sind schwer zu beantworten und irgendwie peinlich für alles Kulturmenschentum. Denn sie alle, selbst wenn man sie ausschließlich auf das Töten von Tieren bezieht, betreffen nicht nur den Jäger, sondern jeden, der auf seinen Braten nicht verzichten will. Denn mag man es auch wenden wie man will: Um diesen Braten auf den Tisch zu bekommen, mußte ein Herz gewaltsam zu schlagen aufgehört haben. Gewiß! Dies ist längst Gewohnheit geworden und stört niemanden mehr. Selbst das frömmste Gemüt billigt dem Bratenesser sein Vergnügen zu. Trotzdem aber bleibt es mehr als ungewiß, ob dies die Moralität des Vorgangs hinlänglich zu beweisen imstande ist. Jedenfalls aber bleibt der Zweck, der den Braten heiligt. Sei's darum. Auch wir Jäger können von dieser Einstellung profitieren. Der ursprüngliche Zweck des Jagens – wer dürfte das leugnen – ist schließlich auch wiederum der Fraß. Und daran ist immer noch so viel innere Wahrheit, daß der Jäger es bis heute verabscheut, ein Wild zu erlegen, das er nicht verwerten kann, und daß derjenige, der es trotzdem tut, als Aasjäger gilt. Und nicht nur das! Wir sagten schon, daß es in mancher Beziehung nicht ginge ohne den Jäger, ohne den Weidmann, der genau weiß, was er schießt, und der schließlich nicht nur schießt, sondern auch füttert, der nicht nur erntet, sondern auch sät. Wer auch sonst als er würde das Wild hegen, es füttern im Winter, wenn es im Kulturrevier zu verhungern droht, das Kranke und Schwache ausmerzen und der ungehemmten Vermehrung der Wildstände steuern, nun, da das Großraubwild fehlt? Kein Zweifel: Die Seuchen würden letzteres besorgen, denn die Natur weiß sich immer zu helfen, und der Mensch, dem die Wildschäden schon lange ein Dorn im Auge sind, würde dies tun, denn auch der Mensch weiß sich zu helfen, wenn sein Gewinn bedroht ist. Aber vielleicht würde dabei im Lauf der Zeit das Wild vernichtet statt ausgelesen werden. Und wenn es nicht an dem wäre, würde es vielleicht seinerseits die Kulturen vernichten, die mit Bauernschweiß gedüngten und für den Menschen lebensnotwendigen. Darum ist kein Zweifel, daß die Jagd notwendig ist, notwendig für das Wild und notwendig für den Menschen. Und gewiß ist dies alles genug Rechtfertigung für den Jäger und genug auch Rechtfertigung für das Töten. Und so wäre alles gut, wenn wir nicht bekannt hätten, daß wir die Jagd um der Freude willen ausüben, die sie uns bereitet. Nicht, daß die Freude selbst einer Rechtfertigung bedürfe, aber ihre Ursache unterliegt dem Gewissensanspruch.

Doch wenn wir das eine gestehen, sei auch das andere bekannt: Nämlich dies, daß uns die Jagd keine Freude machen würde, wenn sie nicht zweckvoll, begründet und notwendig wäre!

Und jetzt dürfen wir auch sagen, daß keiner zu uns gehört, der die Büchse erhebt, wo – seinem besten Wissen und Gewissen nach – der Wildstand dies nicht erfordert oder zumindest gestattet, und daß keiner ein Weidmann ist – ob Revierinhaber oder nicht! –, der sich für die Erhaltung und Hege des von ihm bejagten Wildes nicht voll verantwortlich fühlt und die Regeln und Gesetze menschlicher Kultur und Jagdgesittung nicht zu den seinen macht. Haben diese doch nichts mit der Einschränkung der persönlichen Freiheit zu tun, der über alles geliebten Freiheit des Jägers. Im Gegenteil! Das Gesetz nur kann uns Freiheit geben, sagt Goethe. Nicht das Menschengesetz freilich, um so mehr aber dafür die Natur in ihrer Gesetzlichkeit, soweit wir sie erkennen. Und weil wir den Willen haben, dieser Gesetzlichkeit zu folgen und nach bestem Wissen und Gewissen auszuwählen, bevor wir töten, dürfen wir hellen Auges der Frage nach dem Recht zu töten und der Ehrfurcht vor dem Leben Antwort stehen. *Wir haben dieses Recht, weil wir auch die mit ihm verbundenen Pflichten anerkennen.* Für jeden von uns muß die Erlegung eines Stückes Wild eine Gewissensfrage bedeuten. Und das ist keine Übertreibung und keine Schönfärberei! Nicht, daß der einzelne Rehbock, Hase oder Hirsch auf einmal so große Wichtigkeit erlangt hätte. Aber der Einstellung des Menschen, des Jägers, zu jedem einzelnen von ihnen und zum Leben, das sie tragen, kommt größtes Gewicht zu. Darum: *Wir haben die Ehrfurcht vor dem Leben!* Keine zimperliche, wehleidige und naturfremde freilich, sondern eine, die aus dem Verstehen der Natur erwuchs. Wir trachten dem Leben zu nützen, wenn wir töten. Und wir haben die Gewißheit, daß es schon viel weniger Leben gäbe in unserer Welt ohne den Weidmann.

Aber wie dem auch sein mag! Die Landwirtschaft wie auch die Fleischhauerei werden um der Ernährung, um bestimmter wirtschaftlicher Zwecke willen betrieben, in deren Erfüllung ihr ganzer Sinn gelegen ist. Auch die Jagd wird zweckvoll, aber sie wird – und das ist für uns entscheidend – nicht allein um ihrer Zwecke willen geübt. Deshalb kann ihr Sinn nicht erklärt, sondern muß erlebt werden. Wo das Erleben fehlt, fehlt auch der Sinn. Und so ist es mit vielem anderem Menschlichen und letzten Endes vielleicht auch mit dem Menschen selbst.

Bleibt noch zu prüfen, ob die Voraussetzungen einer durch das Erleben sinnvollen Jagdausübung überhaupt noch gegeben sind. Denn wie die Fleischhauerei das seiner Freiheit beraubte Tier und – den Schlachthof voraussetzt, so setzt die Jagd eine gewisse Ursprünglichkeit der Landschaft und des in ihr seinen eigenen Gesetzen folgenden Wildes voraus. Nur unter dieser Voraussetzung nämlich kann sie zu jenem einzigartigen, beglückenden Naturerlebnis werden, das ihr Dasein mehr rechtfertigt als alle Rentabilitätszahlen, mit denen heute so gerne jongliert wird. Und dies ist ein heikler Punkt. Denn wer wüßte nicht, daß in unseren Breiten so gut wie nichts mehr unberührt geblieben ist von der Hand des Menschen. Aber das wäre noch nicht das Schlimmste. Hätte der Mensch die stille, doch unerbittliche Gesetzmäßigkeit da draußen rechtzeitig erkannt, hätte er fromm genutzt, was ihm in unerschöpflicher Fülle zuzuwachsen bereit war, die Natur wäre ihm nicht fremd und feindlich geworden, und seine Berührung hätte das Land nicht seiner Ursprünglichkeit beraubt. So aber hat er in fahriger Habgier die Allgewaltige und hinreißend Spröde zwingen zu können vermeint zu seinem Nutzen und Gewinn. Er hat ihr so lange Gewalt anzutun versucht, bis sie dem täppischen Zugriff in ihre heilige Substanz ihre verheerende Gewalt entgegengesetzt hat. Ja, und damit hätte der Jäger heutzutage nicht mehr viel zu bestellen, wenn nicht gerade in der Natur das Wunder sich ständig erneuernder Jungfräulichkeit immer wieder Wirklichkeit würde. Tag für Tag, Jahr um Jahr! Und deshalb braucht man auch heute noch nur wenig über den freilich schon weit genug gezogenen Bannkreis der Städte hinauszugehen in die Aulandschaft oder den Bergwald, um das Unfaßliche zu erleben: Allen Eingriffen zum Trotz weht dort unentwegt der ursprungsnahe Hauch des Unberührten und Unberührbaren und wird das unverletzliche Gesetz dieser Welt, das nicht vom Menschen stammt, dem er aber gleichwohl unterworfen bleibt für alle Zeiten, jedem fühlbar, der sich ein Organ hiefür bewahrt hat. Und selbst in den schmalen, staubbefleckten, zwischen den Mauern eingekerkerten Gärten der Städte ist ein Ahnen davon. Darum aber darf niemand sagen, daß die natürlichen Voraussetzungen für ein sinnvolles Jagen nicht mehr gegeben seien. Sie sind noch da, aber geändert haben sie sich, genau so wie sich die Voraussetzungen im Menschen selbst geändert haben. Und dies zu übersehen bedeutet neuerliche Schändung und auf längere Sicht das Ende der Jagd. Wie oft aber wird es übersehen!

Es gibt Jagdfeinde und es gibt unermeßlich viele, die der Jagd, dem Getier und der Landschaft völlig gleichgültig gegenüberstehen. Es sind das trotz ihrer Zahl nicht immer die Besten. Zu den Jagdfeinden gehören der Über-Ökonom und der Holztechniker, für die der Wald eine Anhäufung von so oder so hoch zu beziffernden Festmetern und das Wild eine Art Ungeziefer darstellt, das ausgerottet gehört, weil, wie sie uns gerne vorrechnen, jeder Hirsch, jedes Reh und jeder Has' so und soviel an Dingen „fräße", die der liebe Gott doch offenkundig ausschließlich dem Menschen vermeint hat. Niemand aber, der sich die nötige Portion Herz und Verstand bewahrt hat, braucht ihnen zu glauben. Deshalb soll man sie auch nicht ernster nehmen als ihnen zukommt. Ungleich größer hingegen ist die Gefahr, die der Jagd von ganz anderer Seite droht: von ihren sogenannten Freunden nämlich. Und so sei es hier einmal mit aller Schärfe und Deutlichkeit gesagt: *Niemand gefährdet heute die Jagd so sehr wie der Jäger selbst!* Nur der Jäger freilich, der den Wandel in ihren Voraussetzungen nicht erkannt und sich ihm daher auch nicht anzupassen vermocht hat. Derjenige also, der hemmungslos seiner Leidenschaft und Schußgier frönt, wo es längst nichts mehr zu schießen gäbe, und der andere, der ohne Rücksicht und Verständnis seine überhegten Wildstände noch weiter überhegt, weil er mehr und noch mehr schießen will; derjenige, der von Natur spricht und sich in ihrem Namen das Geld für die Winterfütterung erspart, obwohl sein Wild ohne Futter im Kulturwald verhungern oder schwer zu Schaden gehen muß. Auch jener, der sein Wild überfüttert, bloß um die stärkeren Trophäen an die Wand nageln zu können; der gewichts- und zahlentrunkene Snob, der an allem, was kleiner ist als ein Reh, achtlos vorübergeht, und der, der das Raubwild ausrottet, weil es ihm zu klein und zu trophäenarm ist, um ihn jagdlich zu interessieren, und auch, weil es teilnimmt an der Beute, die ihm, dem Herrn, allein zusteht, wie er glaubt; der, der vor dem Schuß keine Zeit hat zum Jagen und nachher keine Lust zur Pflege alten, ehrwürdigen Jägerbrauchs, und der, der den ganzen Kram eines ihm unentbehrlich gewordenen Komforts hinausfährt in das Revier. Diese alle und noch manche andere dazu sind es, die der Jagd die Voraussetzungen nehmen und dem Weidwerk die Gerechtigkeit. Diese vermeintlichen Jäger selbst sind es und sie vor allem!

Hier also liegt – sozusagen – der Hase im Pfeffer! Bei jenen Armen, die mit ihren X-Zylindern immer wieder vorübersausen an dem Tisch der Natur, der doch für alle so reich gedeckt ist, für alle, die guten Willens sind und gelernt haben, leise zu sein und langsam in ihrem stillen Reich. Bei den armen Narren, die mit einer Kilometerbüchse, sehr viel Geld und wenig Zeit ins Revier kommen, ihren Schuß tun und erst später dann im komfortablen Rauchzimmer, unter der vom Hausdiener an die Wand gehängten Trophäe, ihr eigentliches Jagdvergnügen haben. Bei diesen Weidmännern, nein, Jägern, nein, Jagdscheininhabern, fängt das Unheil an. Und hier auch ist der sinnvollen Jagd ein Ende gesetzt. Denn zu dieser gehören „Zeit und Lust", wie man sagt, je nach Wetter, Jahreszeit, Laune des Schicksals und nicht zuletzt nach der Wilddichte mehr oder weniger Zeit. Meist aber mehr! Und das Schleichen und Schauen gehört zu ihr, das Still- und Wachsamsein, die Selbstüberwindung, der sportliche Wettkampf, die dem Wild seine Chance lassende Ritterlichkeit, das Ungewisse und Flüchtige, die Leidenschaft und die Beherrschung der Gier, ohne die jeder Trieb zum Laster wird, der Kontakt mit der Natur und die am Natürlichen geübte Tiefe des Blickes. Und Lust natürlich – eben jenes, das den Jäger zum Jäger macht. Auch Verstand braucht es – ohne Zweifel! Verstand, der begreift, daß sich nicht alles vorwegnehmen läßt, daß man die Torte nicht vor der Suppe essen kann, ohne sich mit dem Appetit auch den Magen zu verderben. Eben dieses Vorwegnehmen, dieses Hasten und Abkürzenwollen, dieses sich immer auf das Wesentliche stürzen, ohne zu wissen, daß gerade alles Wesentliche sich dem Zugriff entzieht, wenn man nicht die rechte, pflegliche Gärtnerhand dafür hat, ist ja das Hauptübel unserer Zeit. Und deshalb bildet der jagende Mensch, der weder Jäger noch gar Weidmann ist, wohl die größte Gefahr für die Jagd. Und deshalb auch ist unsere Zeit eine der Jagd feindliche. Deshalb in erster Linie!

Die Umstände haben es bedingt, daß die Verantwortung für die Wiederherstellung und Erhaltung des Gleichgewichtes in der Natur auf den Menschen, insbesondere auf den Jäger, kam. Der aber kann dieser Verantwortung nur gerecht werden, wenn er um die Natur und das Gleichgewicht in ihr weiß, das wenige weiß, das der Mensch bis heute erkannt hat. Wer aber einen Mäusebussard von einem Sperber und ein Rotkalb von einer Rehgais nicht zu unterscheiden vermag, kann kein guter Weidmann sein. Wem die bisher gewonnenen biologischen Einsichten spanische Dörfer sind, kann kein Verständnis haben für die Maßnahmen, die ihnen entsprechen und als da sind: Verringerung oder Vermehrung der Wildstände auf das erforderliche Maß! Die Wiederbegründung naturnaher Mischwälder! Die Einbeziehung des Raubwildes als hervorragenden und arterhaltenden Auslesefaktor in die allgemeine Wildhege! Die Erhaltung und nötigenfalls Wiederherstellung eines bodenständigen Wildstandes, dessen einzelne Arten in einem natürlichen Mengenverhältnis zueinander stehen! Und vor allem die Absage an die Schuß- und Trophäengier! Gäbe es der Grüne Heilige, daß der echten Weidmänner nicht noch weniger und der unweidmännischen Jagdkarteninhaber nicht noch mehr werden. Wollen wir es alle hoffen, denen an der Erhaltung der Jagd gelegen ist!

Wieder gleitet mein Blick hinauf zu meinen Trophäen. Langsam nur sind sie zusammengekommen, für heutige Begriffe geradezu lächerlich langsam. Aber ich habe zur Erbeutung mancher von ihnen Wochen, manchmal sogar Monate gebraucht. Im Lauf der Jahre sind es aber doch ziemlich viele geworden. Doch nichts

Bedeutendes ist darunter. Mir freilich ist jede einzelne ans Herz gewachsen. Obwohl wenige nur beschriftet sind, weiß ich von jeder noch das Wo und Wie. Mir bedeuten sie also sehr viel. Und auch das ist mir bis heute immer noch als eine Art Rechtfertigung für ihre Erbeutung erschienen.

Wenn ich jetzt zum Abschluß dieser Betrachtungen noch einmal frage, was denn eigentlich der Sinn des Jagens sei, so kann man nun wohl sagen, daß er vor allem im Naturerleben liegt. Hierfür aber ist die Jagd allein und für sich gar nicht mehr so ausschlaggebend. Sie ist mehr der Weg dorthin. Wir können nicht mehr mit der Primitivität und Unschuld unserer Urväter jagen. Wir sind dazu längst zu bewußt, zu menschlich geworden. Wohl freuen wir uns noch der Jagd und der Erbeutung des von uns gejagten Wildes, aber wir finden in den sich immer wiederholenden Befriedigungen unserer Jagdleidenschaft keine dauernde Erfüllung mehr. Die schenkt uns nur die sich im Jagen und allem was dazugehört immer wieder aufs neue vollziehende Rückkehr zur Natur. Das Weidwerk mit einem Wort.

Der Grüne Heilige selbst war ein Mensch, bevor er ein Heiliger wurde. Er weiß also auch von der Verantwortlichkeit und der Ehrfurcht des Weidmannes der Natur und dem Leben gegenüber. Er weiß aber auch von der Lust des Jägers am Jagen und Beuten, dort, wo die Natur das Jagen und Beuten gestattet. Und er weiß vor allem um die Zwiespältigkeit des Menschen und Jägers, bei dem zwischen Jagdleidenschaft und Ehrfurcht vor dem Leben, Verbundenheit und Verantwortungsgefühl der Natur gegenüber und schließlich zwischen dem Ich und der Gemeinschaft dasjenige entsteht, das allein weidmännische Gesinnung und weidmännisches Handeln heißen darf. –

Die Nacht ist vorüber. Es ist viel Zeit vergangen bei dieser Beichte. Der Morgen steht kühl und fremd über den Dächern. Der Lärm der Straße hebt an.

Die Trophäen ober mir an der Wand sind jetzt wieder von glücklichsten Erinnerungen überstrahlt und Anruf einer Welt bedeuten sie mir, die größer, beständiger und wahrhafter ist als die, in der ich lebe, und die dort beginnt, wo die Stadt aufhört.

Heribert Horneck

Die Geweihten

Hin und wieder – niemand weiß wann – kommt eine Stunde, die einem Weidmannsheil beschert oder gar ein kleines Stück Erkenntnis. Oft braucht es langer Zeit und vieler Mühe, bis diese Stunde kommt, manchmal aber ist sie auch da, bevor man sie noch herbeizuwünschen begonnen hat. Es ist schwer zu sagen, wieviel Zeit ich im Durchschnitt auf jeden meiner wenigen Hirsche aufwenden mußte. Manchmal hatte es innerhalb weniger Tage geklappt, manchmal waren Monate unermüdlichen Jagens ergebnislos geblieben. Alles in allem und die erfolglosen Mühen dazugerechnet, kommen hübsch etliche Tage zusammen und gewiß viele Wochen auf einen Hirsch. Diesmal jedoch war es schnell gegangen.

Beim Feisthirsch im Wechselwildrevier ist es so, daß man zwar bei jedem Wetter der Begegnung mit einem Geweihten gewärtig sein muß, aber nur bei Wetterstürzen, die mit Kaltlufteinbrüchen beginnen und mit Schneefällen auf den Höhen enden, mit ihr einigermaßen rechnen kann. Ich glaube, daß dies übrigens weniger mit dem Schnee als solchem zusammenhängt als vielmehr mit der Kälte, die er kündet. Bei kaltem, nassem und regnerischem Wetter ist beim Wild genauso wie beim Menschen der Kräfteverbrauch weitaus höher, und daher ist auch das Äsungsbedürfnis des sonst sehr genügsamen Feisthirsches größer. Hunger aber bedeutet für alles Wild den Zwang, umherzuwechseln und Äsung zu suchen.

Deshalb beginnt bei einbrechender „Waschküche“, die des Sommerfrischlers Stimmungsbarometer genauso schnell fallen läßt, wie dasjenige zwischen den Fenstern, das Jägerherz freudig zu klopfen. „Hirschenwetter“ heißt diese charakteristische Wetterlage, mit ihren Regengüssen, ihren Nebeln und ihrer Kälte bei uns. Und wir wissen, weshalb wir sie so nennen.

So war es auch diesmal. Ich hatte meinen Urlaub Ende Juli begonnen und war bei hochsommerlich heißem und trockenem Wetter ins Revier gekommen. Der erste August, der Tag also, an dem die Jagd auf den verfegten Feisthirsch aufgeht, fand mich bereits vor seinem Anbruch auf dem Alten Hochsitz. Die Nacht war so schwül gewesen, daß ich trotz verhältnismäßig leichter Kleidung triefnaß zu ihm gekommen war. Anstelle des sonst üblichen, hangabwärts streichenden Morgenwindes kam ein warmer, unguter Hauch von Westen her. Anblick hatte ich an diesem Morgen keinen.

Am Vormittag blattete ich am Ochsenboden, bei der Kohlstatt und am Mitterberg. Auch dies blieb jedoch vergeblich. Ganz zufällig fand ich einen ziemlich starken Bock, der faul in seinem Bett zwischen ein paar Farnen döste. Auf mein versuchsweises Blatten reagierte er überhaupt nicht. Auch war es ein junger Bock und nicht der, den ich haben wollte. Als ich ihn anging, ließ er mich auf fast zehn Schritte herankommen. Dann erst wurde er gemächlich hoch und zögernd flüchtig. Zwei Raben sah ich kreisen. Sonst nichts an diesem Vormittag.

Gegen Mittag türmten sich schwere Wolken im Süden und Westen auf. Während es anfänglich noch so aussah, als ob der tiefblaue Himmel und die Sonne die Oberhand behielten, kam es plötzlich auch von Norden und Osten her blauschwarz über die Kammhöhe gekrochen und Minuten später schon brach eines der schwersten Wetter los, die ich am Berg je erlebt habe. Zuerst hatte es gar nicht so schlimm ausgesehen. Ein paar Flächenblitze, denen ein lustloser Donner nachrollte, ein paar schwere Regentropfen, die in einen leichten Regen übergingen, der jedoch alsbald wieder versiegte. Doch immer dichter ballten sich die Wolken, schoben sich und quirlten durcheinander. Auf einmal war es so finster geworden, als wolle die Welt untergehen. Ich hatte die Zeichen verpaßt. Als ich neben diesem atemberaubenden Naturschauspiel zur Besinnung kam, war es längst zu spät, um noch nach Hause zu kommen. So suchte ich mir ein paar Jungfichten, die Schutz gegen den ärgsten Regen verhießen, legte meine Büchse vorsorglich etliche Schritte weiter unter einen kleinen, nach einer Seite etwas vorspringenden Felsblock, setzte mich hin und wartete. Ein greller Blitz, dem unmittelbar schwerer Donner folgte, leitete den Reigen ein. Danach war es unheimlich still. Nur das leise, unendlich sänftigende Rauschen des immer stärker strömenden Regens war da. Die Wolken hingen so tief, daß es aussah, als berührten sie die Wipfel der Bäume. Dann war auf einmal blendende Helle um mich, der ein gefährlich leiser Knall, nicht viel lauter als ein Pistolenschuß folgte. Und dann züngelte es minutenlang in unausgesetzter Folge vom Himmel hernieder, daß das Rollen, Bersten und Dröhnen des Donners nicht mehr abriß. Schlank, sicher und gänzlich unberührt von dem Toben der Elemente zog ein Reh der schützenden Dickung zu. Da schlug plötzlich die helle Freude wie eine Woge über alle Erdenangst. Jetzt war alles gut. Nichts mehr war klein hier und eng und nebensächlich. Der Himmel selbst sprach mit der Erde. Wer wollte sich da fürchten?

Als ich geraume Zeit später zum Hof hinunterkam, triefnaß, jedoch gereinigten Herzens und froh, lag dieser, ganz Stein und Festung, inmitten des Wetters. Rings um seine Mauern gischteten Bäche zu Tal. Es blitzte kaum mehr. Dafür goß es immer noch in Strömen. Auch ein jäher Sturm war aufgekommen, der mannsdicke Bäume wie Haselgerten bog und ihnen die Äste in die Höhe riß, als wollte er sie hinauftragen zu dem schwarzen Gewölk und den darunter furiengleich dahinjagenden weißgrauen Nebeln.

Es war kalt geworden. Der ungebärdige Guß ging allmählich in milden, gleichmäßigen Regen über. Von den Dächern rann es unentwegt. Hin und wieder pfiff eine Sturmböe um die Giebel und Mauern. Drei ganze Tage ging das so.

Ich war jetzt viel im Wald, den ich nie so sehr liebe als bei solchem Wetter. Die Bäume scheinen ihre Äste in den Nebel zu krallen, als wollten sie den Himmel fassen. Doch so viel Anblick mir diese Nebel- und Regentage auch bescherten, vom Hirsch war nichts zu sehen gewesen. Nur einmal war ich mit einem Rudel Kahlwild zusammengetroffen und es war ein wahrhaft unvergeßlicher Anblick, wie sich das Wild plötzlich aus dem Nebel löste, Gestalt annahm, auf keine zwanzig Gänge an mir vorüberzog und schließlich wieder geisterhaft im Nebel verschwand. An den Abenden aber brannte lustig das Feuer im Herd und gab Wärme in all der kalten Nässe, und die Petroleumlampe zog ihren Lichtkreis um das kleine Stück Menschenwelt inmitten der gnadenlosen Dämonie unbegrenzter Naturgewalten.

Am Morgen des dritten Tages blitzten da und dort wie Boten einer besseren Welt ein paar Sterne aus dem sonst lückenlosen Schwarz des Himmels. Es war kein Zweifel, das „Hirschwetter" ging seinem Ende. zu. So vorsichtig und behutsam als möglich birschte ich zum alten Hochsitz, erklomm die glitschnasse und eisigkalte Leiter, die einen intensiven Geruch von nassem, altem Holz verströmte, und dann saß ich wieder oben, gewiß schon zum hundertsten Male. Ganz langsam kam der Tag, und je näher er kam, desto klarer wurde der Himmel. Im Graben lag weiß der Nebel. Oben am Grenzschlag waren wohl an die zwanzig Gams ausgezogen. Vor mir äste ein mittlerer Rehbock, schüttelte sich immer wieder das Wasser aus der Decke und zog schließlich dem Ochsenboden zu.

Es war für einen Feisthirsch fast schon zu licht, und vor allem, es war schon zu lange Licht. Da vernahm ich, wie im Hochwald jenseits der Grenze ein Ast krachend brach. Für einen Augenblick riß es mich hoch. Aber gleich dachte ich daran, daß dort ja seit ein paar Wochen ein Pferd auf der Halt stand. Da trat, kaum daß der Gedanke zu Ende gedacht war, am nachbarlichen Waldrand ein starker Hirsch aus.

Hirschfieber! Wer es nicht erfahren, dem kann man es nicht erklären.

Aber der Hirsch war ja noch im Bast?

Nein, er hatte bloß so starke Stangen!

Aber ein Kronenhirsch, ein dreimal geheiligter und unberührbarer, ein Kronenhirsch mußte es sein?

Doch nein, es war keiner. Die regelmäßig und ganz hoch oben gegabelten Stangen täuschten die Kronen nur vor.

Ein sehr guter Hirsch aber war es?

Ja, daran bestand kein Zweifel!

Ob er kommen würde?

Ich wagte es nicht einmal zu hoffen. Zu oft war ich schon enttäuscht worden und zu bitter!

Vorläufig stand er mitten am Schlag, hochaufgerichtet, und verhoffte zu den Gams hinauf. Dann wandte er langsam das Haupt und äugte zum Grenzzaun herüber.

Wenn der Hirsch wirklich den ersehnten Wechsel annahm und den Grenzzaun überfiel, hatte ich nicht viel Zeit zu vergeuden. Bei uns herüben war der Schlag schon so verwachsen, daß er nur mehr Lücken bot.

Plötzlich, als hätte er sich nun genug besonnen, begann der Hirsch auf die Grenze zuzutrollen. Den mächtigen Träger hielt er fast waagrecht nach vorne gestreckt. Die hohen, weit ausgelegten, rötlichbraunen Stangen schwankten. Dann war er am Zaun. Wieder ein kurzes Verhoffen und dann, rrrach, machte es, weil ein Zaunstecken im Weg gewesen war, überfloh er ihn. Und weiter ging es ohne jeden Aufenthalt. Jetzt galt es. Mitfahren: Baum – Hirsch, Baum – Hirsch, Baum – Hirsch...

Das Echo des Schusses rollte den Graben hinaus, als wollte es aller Welt künden, was hier geschehen war.

Ein Aufbäumen, eine wilde Flucht dem nahen Waldrand zu, ein schwerer Fall, Krachen und Brechen im Fallholz und dann das gleichmäßige, maschinenmäßige Schlegeln und Schnellen des Verendenden.

Ich war wie ausgebrannt, und es dauerte eine Weile, bis ich endlich mein Glück fassen konnte. Es war die Stunde, die lang ersehnte, schwer erkämpfte und schließlich doch geschenkte Gnadenstunde des Weidmannes.

Lange Zigarettenpause, trunkenes Vorkosten des Augenblicks, in dem ich von meiner Beute Besitz ergreifen würde. Kurze Spanne ungeteilten Glücks!

Und dann stand ich vor ihm. Umgriff die tausendfach geperlten, schweren Stangen des edelgeformten Geweihs. Brach dem Gefällten den letzten Bissen und mir den grünen Bruch. Hielt lange Wacht bei meiner Beute. Langsam nur sickerte der Wermutstropfen der Wehmut in den randvollen Kelch des Glücks.

Dann kam wieder das Hirschenführen und war wie immer ein richtiges Fest. Alles, was vom Hof abkömmlich gewesen, kam mit und manches, das eigentlich nicht hätte abkommen können, auch. Und alle gaben wir dem Hirsch das letzte Geleit. Vor uns rumpelte der Wagen. Ich ging hinterher mitten im Schock und mußte erzählen. Und es gab nichts in diesen Stunden, was ich lieber getan hätte.

Am Abend haben wir den Hirsch richtig gefeiert. Nicht ausgelassen gezecht, nein, gefeiert haben wir!

HERIBERT HORNECK, geb 1925, absolvierte in Graz die Mittelschule und wurde 1943 zur Wehrmacht eingezogen. Als Schwerverwundeter kehrte er 1945 heim, studierte an der Grazer Universität Philosophie und Germanistik und wurde 1952 zum Dr. phil. promoviert. Horneck leitete von 1955 bis zu seinem Tode im Jahre 1987 die Jagdzeitschrift „Der Anblick". An mehreren Tages- und Wochenzeitungen arbeitete er als freier Journalist mit und verfaßte viele jagdbelletristische und Sachbücher. Er war weit über die Grenzen Österreichs hinaus als profunder Kenner des europäischen Jagdgeschehens ein Begriff.

Wolfgang Jansen

Im letzten Büchsenlicht

Rechtzeitig traf aus der Steiermark die Einladung auf Hirsch und Gams für den Monat September ein, und bei schmilzendem Schnee übersprangen in ruhigen Stunden die Gedanken oftmals die Zeit bis zum Herbst.

Weltbewegender freilich war der Flug des Russen Gagarin am 12. April 1961, der mit dem Raumschiff „Wostok I" als erster Mensch im Weltraum die Erde umrundete. Wieder einmal stellte ich beruhigt fest, daß auch epochale technische Fortschrittsleistungen keinen Einfluß haben auf die erdgebundenen Freuden des (weniger fortschrittlichen) Jägers.

Zunächst galt es im heimatlichen Revier Ausschau zu halten nach den Böcken, und im übrigen wurde die Phantasie von der Überlegung beflügelt, wie weit wohl jetzt in der Kolbenzeit ein Hirsch sein Geweih geschoben haben würde, der mir – vielleicht – von Hubertus vorbestimmt war.

Hinsichtlich der Rehböcke erlebte ich eine Duplizität: Zwei Zweijährige mit kurzen, dünnen Spießchen fielen, je einer im Siegerland und im Bergischen Land.

Neben diesen Spießern war es ein alter Sechser, auf den ich zu Beginn der Rehbrunft im Siegerland weidwerkte und der mich mit einem beunruhigenden Schußzeichen verwirrte: Er keilte mit den Hinterläufen wie ein störrisches Pferd aus, bevor er im Unterwuchs des alten Eichen- und Buchenbestands untertauchte. Trotz abgezirkelten Blattschusses waren, vermutlich durch Geschoßsplitter, Nerven getroffen worden, die sonst nur bei tiefen Weichschüssen ein derartiges Zeichnen auslösen. Diesen von den alten Siegerländer Originalen mit diskreter Anspielung auf eine entsprechende Festlichkeit etwas schmeichelhaft als „hochkapital" eingestuften Bock feierten wir zünftig in der Hütte zusammen mit dem Geburtstag des drahtig-hageren Altbauern, dem „fast die halbe Jagd" gehörte. Er war es auch, der mir neidlos zu diesem Bock aus seinem Wald – es war schwierig, einen Bock außerhalb seiner Besitzungen zu schießen – einen ausgesuchten

Buchenbruch überreichte, den ich dankbar entgegennahm. (Sicher hätte es ihn gekränkt, wenn ich auf die mangelnde „Gerechtigkeit" der Buche als Bruchspenderin hingewiesen hätte. Im übrigen war diese Beschränkung der bruchgerechten Holzarten ohnehin umstritten.)

Die Blattzeit, ausgefüllt mit zahllosen Bemühungen zu allen Morgen- und Abendstunden um einen alten, gewitzten Bock, den wir den „Heimlichen" nannten (sein graues Haupt mit den klobigen, kaum vereckten Stangen durfte ich erst zwei Jahre später vom Waldboden aufheben), ging vorüber, und im September traf ich in der Steiermark ein. Wenige Stunden später waren wir schon im geliebten Revier:

Noch liegen die Schatten der Nacht auf der Almfläche. Zu erkennen ist nichts im wogenden Graudunst der ersten Vordämmerung. Ganz leise murmelt der Gebirgsbach. Sonst ist alles still. Kaum spürbar zieht ein kühler Hauch durch den Bergwald.

Von Zeit zu Zeit geht der Blick erwartungsvoll durchs lichtstarke Glas, tastet sich über den mattschimmernden Gegenhang und verliert sich im Dunkel der umstehenden Dickungen.

Der Platz ist gut gewählt, wo ich mit Franzl, dem Revierjäger, an einem Baumstubben im lichten Hochholz hocke, das zum Graben hin abfällt. Drüben steigt die grasige Lehne in leichten Wellen an und geht zum Bergrücken in Jungfichten über. Von dort und aus dem angrenzenden Bestand führen zwei Hauptwechsel herab auf diesen bevorzugten Äsungsplatz des Rotwildes. Mitten hindurch geht ein steiniger Ziehweg bis zu den Trümmerresten einer vor Jahren abgebrannten Kaser.

Wieder leuchten wir den Hang ab, und wirklich, jetzt sind schwach erkennbar hier und da dunkle Wildkörper auszumachen.

Die grauen Schatten werden kräftiger, heben sich dunkel ab von der milchig schimmernden, taunassen Wiese. Schon lassen sie sich in Stärke und Umfang sondieren. Dort steht ein Hirsch nahe einem schwächeren Stück, und weiter unten äst ein Tier mit seinem Kalb. Wie Stockschläge klingt es von oben her. Zwei Hirsche stehen einander gegenüber und schlagen ihre Geweihe aneinander. Jünglinge sind's, die scherzen.

Plötzlich stößt Franzl mich an: „Drob'n, rechts an der Dickung!"

Ein fahler, im Wildbret außergewöhnlich starker Hirsch verharrt dort regungslos, wie hingezaubert. Über dem hocherhobenen Haupt stehen weit ausgelegt zwei starke dunkle Stangen. Langsam wendet er sich, wie verächtlich, all der Jugend unter ihm zu. Deutlich lassen sich blitzende Enden erkennen. Mit einem Blick sind sie gezählt: Ein Sechser ist es. Lange, gebogene Augsprossen, tief angesetzte Mittelsprossen, darüber aufragend endenlose Stangen. Ein alter, starker Berghirsch. Jetzt vor der Brunft gewährt er offenbar nur gelegentlich dem Rudel die Ehre seines Erscheinens, denn noch halten sich die Feisthirschrudel, wenn auch nicht mehr ganz so geschlossen.

Ein weiterer taucht unweit vom Alten auf. Sähe man ihn allein, noch dazu im trügerischem Licht, man könnte ihn für jagdbar halten. Ebenfalls gut ausgelegt ist sein Geweih mit hellen drei Enden oben in jeder Stange, mit Mittel- und Augsproß, ein Kronenzehner. Aber alles an ihm ist noch zierlich, noch nicht ausgereift. „Drei bis vier, besser noch fünf oder sechs Jahre vererbe dich! Zwar wird dir kaum ein Ende in der Krone hinzuwachsen, dafür ist das Leben zu hart im Berg, zu karg die Äsung, aber stärker, voller werden deine Stangen sein und mehr deines Blutes wird seine Fährte ziehen..."

Zum Schuß auf den Alten ist die Entfernung zu groß. Ein Angehen des einziehenden Hirsches, grabenab- und hangaufwärts, wäre zu langwierig geworden. So sitzen wir noch geruhsam in der Morgensonne und besprechen das Erlebte. Dann bummeln wir zurück zum Almhof.

Unsere jagdliche Überlegung gilt nun auch dem alten Sechser vom heutigen Morgen, allein sie erschöpft sich nicht hierbei. Noch mancher Hirsch zieht seine Fährte, dessen Erlegung vor der Brunft gerechtfertigt ist. Zum Abendansitz werden wir ein seitlich gelegenes Hochtal aufsuchen, dessen Sonnseite in der Verlängerung der Almfläche liegt und wo der Alte vielleicht durchzieht. Aber auch die von uns zu begehende Schattseite birgt mancherlei Möglichkeiten. Welcher Reiz liegt doch in diesem Planen und Wägen! Der Mensch mit einfühlendem Sinn wertet und verwirft, überlegt und bedenkt, zaudert und vermutet. Schließlich hofft er.

Aber weder am nächsten Abend noch während der nächsten Frühpirschen begegnen wir unserem alten Sechser oder einem anderen jagdbaren Hirsch. Dafür hören wir, daß ein Hirsch meldet. Es rührt und regt sich im Blut des hohen Wildes, wenn auch die Hauptbrunftzeit erst in zwei bis drei Wochen, Ende September/Anfang Oktober, hier im Gebirge zu erwarten ist.

An einem Spätnachmittag wollen wir uns in der Schattseite des Kasbachtales ansetzen. Unseren Ansitzplatz wählen wir am Rande eines Schlages, den nur wenige Jungfichten und Krüppellärchen bestocken. Dichte, gelbe Schwaden dürren Berggrases bedecken den abfallenden Hang.

Franzl setzt sich auf den Steig, lehnt sich an die Böschung und spekuliert mit dem Glas zur Sonnseite hinüber. Dort äst hoch oben in einer Fehlstelle zwischen den Fichten ein Schmaltier. Meine Aufmerksamkeit soll vorwiegend dem Teil des Schlages zu unseren Füßen gelten. Neben mir ragt der flache Wurzelteller einer vom Sturm geworfenen Fichte mannshoch empor. Dahinter richte ich mich ein.

Die Zeit verrinnt. Schon kriechen die Schatten der Dämmerung aus dem Graben herauf. Da steht plötzlich unter mir im fahlen Gras auf etwa 100 Gänge ein dunkler Hirsch. Noch ohne Glas erkenne ich: kräftiger Vorschlag, beachtliche Brunftmähne. Das mittelhohe Geweih ist mäßig ausgelegt; lange, aufwärts gebogene Augsprossen, hoch angesetzte Mittelsprossen, Gabelenden. Älterer Achter? Nein, dort die Ansätze an den Eisenden machen ihn zum Eisendzehner.

Franzl rutscht herbei und nimmt sein Glas hoch. Er nickt. Vorsichtig schiebt er den Wetterfleck als Auflage oben aufs Wurzelwerk. Weit muß ich hinauf, um dann nach unten in Anschlag zu gehen. Dürre Krummwurzeln, silbergrau und verwittert, rascheln wie altes Laub. Ob das gutgeht? Durchs Rund des Zielfernrohres visiere ich abwärts. Der Hirsch ist weg! Doch was ist das da unten? Tiefer als vorher, am Rand der vom Bachufer aufstrebenden Dickung steht er ja. Er sichert zu mir herauf. Das soll er sein? Ein junger Sechser ist es. Aber wo blieb der Zehner?

„Er hot sich nieder'tan." Franzl behielt ihn im Glas.

Und nun sehe ich ihn am alten Platz. Nur das Haupt ragt aus dem vergilbten Gras. Er hat es zurückgelegt, wendet es langsam hin und her.

Die Büchse ist gestochen, der Zielstachel zeigt übers Haupt, wo sich beim Hochwerden das Blatt befinden wird.

Der Sechser zog weiter aufwärts, steht jetzt neben dem Alten, und immer wieder äugt er mißtrauisch zu uns herauf. Irgend etwas hat er wohl wahrgenommen, ohne es deuten zu können. Der Wind geht günstig. Die Minuten schleichen dahin. Der Atem ist ruhig geworden, doch wild pocht das Herz. Ohne den Anschlag zu verändern, nehme ich vorsichtig den Kopf hoch, um das starrende Auge zu entlasten. Es ganz zu schließen, wage ich nicht.

Stärker dämmert es. Das Schußlicht beginnt abzunehmen. Lautlos verharren Wild und Jäger. Zu hören ist nur das Ticken der Armbanduhr.

„Geht's wohl noch?" flüstert Franzl besorgt. Kaum merklich nicke ich. Ob er's sieht, weiß ich nicht. Aber bald darauf beginne auch ich am ausreichenden Licht zu zweifeln. Irgend etwas zu unternehmen, um den Hirsch zum Hochwerden zu veranlassen, wagen wir nicht. Mit freiem Auge ist der Hirsch kaum noch zu erkennen. Im Bett sitzen kann er noch bis zur stockdunklen Nacht bewacht von seinem Adjutanten.

Inzwischen vollzieht sich eine Wandlung. Ohne daß wir die Ursache zu deuten wissen, sehen wir, daß die Hirsche aufmerksam schräg aufwärts äugen. Zieht dort ein Tier in den Schlag? Ein dritter Hirsch vielleicht?

Plötzlich wird der Zehner hoch. Eine Sekunde lang steht er fast breit, und hinaus ist der Schuß. Im Mündungsfeuer kann ich sein Zeichnen nicht recht erkennen, aber gut abgekommen bin ich hinter dem rechten Blatt. Steil nach unten prasselt der Hirsch in wilden Fluchten und verschwindet in der Dickung. Ein kurzes Brechen von Zweigen noch, dann herrscht Stille. Der Sechser flüchtet ins hohe Holz.

Wir richten uns auf und blicken nach links. Wo der Steig aus dem Hochwald führt, steht ein Mensch. Das also war's, was die Hirsche vernommen hatten. Zögernd kommt er näher, und jetzt erkennt ihn der Jäger. Es ist Roman, der junge Almhalter, auf dem Weg zum Hof. Nicht schlecht hat er sich „d'erschreckt", als er Schuß und prasselnde Fluchten hörte. Ganz stolz ist er, so unvermittelt beim „Hirschjagern" dabei zu sein, und als er hört, daß nur durch sein Erscheinen der Hirsch in letzter Minute des Schußlichts hochwurde und ihm dann die Kugel angetragen werden konnte, da will er in seiner Begeisterung direkt zum Hirsch. Erst jedoch setzen wir uns nieder am Steig, verbinden das Angenehme mit dem Nützlichen und nehmen allesamt einen hochprozentigen Schluck aus der Flasche.

Nun ist es völlig dunkel geworden.

Nach geraumer Zeit steigen wir zum Anschuß, denn der Hirsch dürfte liegen. Im Lichtkegel der Taschenlampe finden wir eine Menge verspritzten Schweiß am dürren Gras und können nun der deutlich sichtbaren Rotfährte folgen. Jedoch auch hierbei halten wir die Büchsen mit abgenommenem Zielfernrohr schußbereit. Die Fährte führt in die Fichten, die hier am oberen Rand der Dickung recht licht stehen. Eine kleine Jungholzgruppe umschlagend, sehe ich die fahlgraue Masse. Im schwachen Schein der Sterne liegt der Hirsch auf der rechten Seite. Seinen Fall hatte eine Jungfichte aufgehalten, und wie schützend verhüllt sie im niederen Gezweig das Haupt des Gestreckten. Einen Augenblick lang bin ich mit ihm allein.

Dann dringen die Gefährten durch das Gewirr der Zweige, und das Licht der Lampe erfaßt die Szene. Ergriffen steht nun auch der Bursch. Bald aber stellt er hundert Fragen, und wir müssen ihn vertrösten. Staunend verfolgt er den Jägerbrauch am erlegten Wild. Die Grandeln des alten Hirsches sind braun und abgeschliffen. Richtig angesprochen, es ist ein alter Eisendzehner. Das Geschoß durchschlug entsprechend dem Abwärtswinkel diagonal den vorderen Teil des Rumpfes mit Ausschuß tief links am Trägeransatz. Nach dem Aufbrechen sitzen wir noch eine Weile beim erlegten Hirsch.

Die nächsten Tage sind ausgefüllt mit nachgenießendem Umherstreifen, aber auch mit vorfreudiger Ausschau nach einem Gams. Den aber hoffen wir „weiter oben“ zu finden, im Kar.

WOLFGANG JANSEN, geb. 1923 in Elberfeld (NRW), wurde schon von Kindheit an durch die Jagd geprägt. Jagdprüfung 1954; seit 1962 laufend Veröffentlichungen in den führenden deutschsprachigen Jagdzeitschriften. Jansen war beruflich als Direktor einer Bank tätig und befindet sich seit 1984 im Ruhestand.

Hermann Löns

Achtzacks Ende

Im Walde ging es um; was es war, wußte niemand, aber etwas Gutes war es nicht. Es haßte den Frieden und liebte die Zerstörung.

Alle Böcke diesseits des Fuchsbaches hatten das erfahren. Dem Gabelbock vom Schälwalde war die linke Keule aufgeschlitzt. Dem Sechser vom Jagen drei fehlten ein Auge und die rechte Stange. Der Bock aus dem Kinderbruch lahmte vorn rechts. Dem vierjährigen Spießbock vom Birkenschlag war ein großer Hautlappen von der Keule abhanden gekommen.

Keiner von ihnen wußte, wie es zugegangen war. Friedlich hatten sie mit ihren Schmalrehen geäst. Da hatte es in der Dickung gebrochen, etwas Großes, Braunes, war herausgepoltert, hatte sie über den Haufen gerannt, die Schmalrehe vor sich her getrieben, und war in der Dickung verschwunden.

Ihre Wunden hätten die Böcke wohl vergessen, ihre Niederlage vergaßen sie nicht.

Der Vierjährige mit den langen Dolchen hielt es nicht mehr aus. Nichts schmeckte ihm mehr, nichts wollte ihm munden, weder Klee noch Brombeerblätter, weder Gras noch Johannestrieb. Tag und Nacht zog er ruhelos umher.

Eines Morgens, als nach kurzem Donnerschlag ein feiner, warmer Regen fiel, faßte er sich ein Herz. An dem Weidenbusch vor dem Holze wetzte er seine Dolche, daß Bast und Blätter flogen. Dann trat er in den Bestand.

Er zog vorsichtig und zaghaft dahin. Der Hase, den er aus dem Lager jagte, erschreckte ihn, die Taube, die er von der Salzlake scheuchte, ließ sein Herz klopfen. Aber dann warf er wieder mutig den Kopf auf, schlug mit den Vorderläufen den Boden, daß das Fallaub stob, und fegte mit den Stangen Bast von einem Eschenbäumchen.

Und dann sah er, was er gesucht hatte. Dort stand ein alter, hoher, schwerer, dunkelbrauner Bock mit fast weißem Gesicht, über dem acht weiße, scharfe, lange Enden im einfallenden Sonnenlicht blitzten. Das war Achtzack, der Raufbold, der jedes Jahr am Ende des Juli hier erschien und Mitte August wieder verschwand. Einen Augenblick lief es dem Vierjährigen kalt und heiß über. Dann warf er trotzig den Kopf auf, verdrehte die Lichter, daß die weiße Bindehaut teuflisch leuchtete, senkte den Kopf, daß die langen, zweiendigen Dolche gefährlich funkelten, schlug mit den Vorderläufen den Boden, daß Laub und Moos nur so wirbelten, stieß ein tiefes, böses Keuchen aus und zog dem Feind entgegen.

Achtzack war zuerst ganz starr. So etwas von Frechheit war ihm doch noch nicht vorgekommen. Ein Vierjähriger, der ihm Trotz bot? Ein zurückgesetzter Bock, der noch nicht einmal sechs Enden hatte, hielt ihm stand? Zu lächerlich! Sorglos zog er dem Frechling entgegen, ein höhnisches Grinsen um den kohlschwarzen Windfang. Gleichgültig senkte der den Kopf; mit einem einzigen Stoß wollte er ihn abtun, den Dummkopf. Der aber war auf seiner Hut. Als die acht Dolche dicht vor ihm waren, wich er zur Seite und forkelte blitzschnell von unten nach oben. Es klirrte hell und klang hohl, und als beide voneinander abließen und sich gegenüberstanden, keuchend und jappend, da hing Achtzacks linkes Auge als feuerroter, häßlicher Klumpen aus der Augenhöhle heraus.

Im nächsten Augenblick strich der Pirol, der in den Zweigen über den beiden Kämpen sich im Flöten geübt hatte, entsetzt ab. Denn unter ihm war mit einem Male ein Wirbel von Laub und Moos, Kraut und Reisig. Ein Kreischen erscholl, laut und schrecklich, und dann klang es, als schlüge der Specht gegen einen hohlen Baum, und schließlich kam ein Röcheln.

Endlich hörte der Blätterwirbel auf und Achtzack tauchte daraus hervor. Seine Dünnungen bebten, seine Lungen pfiffen, aus der Brust kam ein tiefes Keuchen. Fortwährend schüttelte er den Kopf, an dessen linker Seite es rot herunterlief. Aber seine acht Enden waren rot.

Gleich darauf huschte ein grüner Schatten durch den Wald, tauchte hinter einem Stamme auf, verschwand hinter einem anderen, kam wieder hervor und war wieder verschwunden. Laut schimpfte die Amsel über das Waldgespenst, und der Kauz in der

Eiche machte große Augen und schüttelte den dicken Kopf, denn lautlos zu jagen, hatte er gedacht, könnte außer ihm niemand.

Dieses grüne Gespenst war ein Mensch, ein langer, junger, blonder, blauäugiger Mann mit braunen Backen und Händen, der Förster. Er war wütend. Er hatte eben festgestellt, daß die zwölf achtjährigen Weißtannen, die zwischen den vielen Rottannen standen, und die zehn Edelebereschen zuschanden gefegt waren von einem Bock.

Außerdem war er böse, weil er keinen Bock gesehen hatte. Vor Tau und Tag war er zu Holze gezogen; jetzt war es neun Uhr, und nichts hatte er gesehen, außer einer alten Ricke. Wenn da nur nicht wieder Achtzack die Schuld trug. Seit drei Jahren machte ihm der das Holz von Böcken blank. Lahm hatte er sich gepürscht und krumm gesessen, aber nie konnte er ihn fassen. Fünfzig Nächte hatte er sich um die Ohren geschlagen, hundert Abende auf ihn gelauert, aber alles war für die Katz' gewesen.

Hastig zog er an seiner Pfeife, daß der Dampf durch das Holz zog, lang und breit, wie ein Pferdeschwanz. Da hörte er es zu seiner Linken rascheln. Das Rascheln wiederholte sich und mischte sich mit einem Geröchel. Der Förster trat einen Schritt vor, noch einen, wie eine Katze dahinschleuchend, aber im nächsten Augenblick kniete er nieder, faßte den geforkelten Bock um die langen Spießer, fuhr mit der rechten Hand nach der Hosennaht, kam mit etwas Blitzendem zurück, eine schnelle Handbewegung nach der Brust des Bockes, und der streckte sich und ließ den Kopf schlaff in das grüne, rotbetaute Moos fallen.

Sorgfältig untersuchte der junge Mann den Bock. „Dieser Schinder", murmelte er, „eins, zwei, drei, sechs, acht, zehn, vierzehn Mal hat er ihn geforkelt. Nun aber ist Schluß, mein Lieber! Heute mußt du stürzen, oder ich will die Kunst nicht verstehen!"

Er lud den Bock auf, ging auf das Feld, brach ihn auf, rodete den Aufbruch ein und hing den Bock in eine Fichte. Dann ging er in weitem Bogen nach dem Fuchsbach zurück.

Vor einer großen Samenbuche machte er sich seinen Stand zurecht, scharrte leise alles Fallaub beiseite und entfernte jeden dürren Ast. Dann suchte er ein halbes Dutzend gleichmäßig gewachsener Buchenblätter, schnitt sie zurecht und legte sie vor sich auf den Rucksack. Zuletzt schnitt er leise einen langen, verästelten Zweig ab und steckte ihn vor seinem Stand in den Boden.

Es war ganz still im Walde. Kein Blättchen regte sich. Einmal ruckste fern ein Ringeltäuber, ein Bussard rief hoch über den Kronen der Buchen, eine Maus raschelte im Fallaub.

Der junge Förster rauchte langsam seine Pfeife zu Ende, spannte lautlos die Büchsflinte, zog die Knie hoch und legte die Waffe quer über seinen Schoß. Dann nahm er eins von den Buchenblättern und hielt es gegen die Lippen.

Ein weicher, leiser, zärtlicher Ton erscholl, das sehnsüchtige verlangende Fiepen des Schmalrehs, einmal, zweimal, dreimal.

Drüben in der Dickung stand der alte Bock. Als der dünne feine Ton erscholl, spielten die Lauscher Achtzacks.

Wohl eine Viertelstunde verging, da erklangen noch einmal die lockenden Laute. Achtzack stand auf. Aber zu oft hatte er in seinem Leben die Erfahrung gemacht, daß hinter dem zärtlichen Locken das tödliche Blei wartete. So manche Kugel war in seinen grünen Jahren an ihm vorbeigepfiffen, wenn er liebeshungrig aus der Dickung gestürmt war; mehr als einmal hatte ihn das Blei gestreift.

Auf einmal aber kam Leben in ihn, denn nun erklang der von Angst erfüllte Klageruf des Rehjüngferchens. Was, wagte es wieder einer, ihm ins Gehege zu kommen?

Langsam schob er sich durch die Tannen. Alle paar Gänge blieb er stehen und sicherte. Aber als das Angstgeschrei lauter erscholl, als er deutlich des Nebenbuhlers Stürmen und Poltern vernahm, da trat er ganz aus der Dickung heraus.

Der Förster, der wie verrückt mit seinem Hut zwischen die dürren Zweige am Boden geschlagen hatte, hielt inne, als er von den Tannen her ein ganz feines Geräusch vernahm. Ein leises Lächeln ging um seinen Mund. Er hielt den Atem an und schloß die Augen bis auf einen Spalt.

Lange blieb es drüben still, dann klang das Brechen wieder. Aber dieses Mal lauter, näher. Dem Förster schlug das Herz, und die Büchse zitterte in seinen Händen. Er schloß die Augen und atmete tief und langsam.

Als er die Augen wieder öffnete, sah er in der Dickung einen grauen Fleck. Und darüber, über den schwarzgesäumten Lauschern, das schwere, weitausgelegte Gehörn mit den roten Enden.

Eine Ewigkeit dünkte ihm die Spanne Zeit, bis daß Leben in den grauen Fleck kam, eine Ewigkeit, die ihm das Blut wild durch die Adern jagte und den Schweiß aus allen Poren trieb. Aber als der graue Fleck sich vorschob und ein brauner ihm folgte, da zog er ganz langsam die Büchse an die Backe und machte den Finger krumm.

Nach dem Schuß stand er auf und lauschte. Ein paarmal brach es noch in den Tannen, dann war alles still. Er trat leise an die Dickung, bückte sich, nickte befriedigt, als er hellrote Blasen auf den blauen, zerdrückten Glockenblumen sah, und ging fort.

Drinnen in der Dickung brachen die dürren Zweige. Der Bock taumelte, schwankte, stürzte, richtete sich mühsam wieder auf, zog drei Schritte voran, brach wieder zusammen und blieb liegen. Ab und zu versuchte er aufzustehen, aber immer wieder brach er röchelnd zusammen, und jedesmal quoll es rot aus seinen Blättern.

Dann überlief ihn ein Zittern, er röchelte noch einmal schrecklich, machte sich lang, und von da ab rührte er keinen Lauf mehr.

Dann brach es wieder in der Dickung. Menschenworte erklangen: „Zur Fährte, mein Hund, so recht, mein Hund! Such' verwundt', mein Hund!"

Das Brechen kam näher. Lautes Gehechel eines Hundes tönte heran, dann erklang des Waldhorns heller, froher Ruf: „Bock tot!"

Neben dem Bock kniete der Förster. Freudig betrachtete er den Kopfschmuck, dessen scharfe Enden noch rot waren von dem Mord.

Hermann Löns

Ein Hauptschwein

Im Helmetal war der Teufel los. Die Frühkartoffeln waren ausgewühlt, die Erbsenfelder zertrampelt, die Saat umgebrochen, die Hasenfelder mit Wechseln durchzogen.

Von irgendwoher war ein Hauptschwein zugewechselt; überall spürte es sich. Im Helmetal gab es keine Sauen. Also war es kein Wunder, daß die Aufregung groß war. Alles, was auf die Jagd ging, saß auf den Keiler an, aber alle Mühe war vergebens.

So dumm war der Basse nicht, daß er immer wieder in derselben Ecke blieb. Er kannte die Welt; er hatte seine Erfahrungen hinter sich, sogar mehr, als ihm lieb war. Ein Dutzend Jahre war er alt, hatte manche Kugel pfeifen, Schrot genug klappern hören und auch sonst allerlei durchgemacht.

Keine drei Wochen war er alt gewesen, da hatte ihn die Fuchshetze beim Wickel gehabt, und hätte er nicht so laut geklagt und wäre die Bache nicht ganz in der Nähe gewesen, so war es damals aus mit ihm. Aber seine Mutter rannte die Füchsin über den Haufen und richtete sie so zu, daß sie mit knapper Not ihr Leben rettete.

An dem Tage, da er seinen letzten Milchzahn verlor und zum ersten Male nach Würmern und Wurzeln brach und vor Eifer zu weit hinter seiner Mutter zurückblieb, hatten ihn zwei Hunde halbtot gehetzt, und er wäre verloren gewesen, wenn die Bache nicht noch im letzten Augenblick herbeigepoltert wäre und die Köter beiseitegebracht hätte.

In seinem ersten Winter war er dreimal eingekreist gewesen, hatte mehr als eine Kugel pfeifen hören, und das eine Mal hatten ihm die Schrote ganz gehörig die linke Keule gekämmt.

Hinterher hatte er noch mehr erlebt. Daß er den rechten Hinterlauf schonte, kam daher, weil ihn dort eine Kugel gefaßt hatte. Viel hätte nicht gefehlt, so wäre es damals mit ihm zu Ende gewesen, denn drei Hunde hatten ihn gestellt. Er stritt sie aber tapfer ab, schlug den einen zuschanden und rettete seine Schwarte.

Die sah bunt genug aus; das rechte Schild war mit Röllern gespickt, die ein Bauer ihm da hineingepfeffert hatte, als er ihm die Erdäpfel umpflügte. Die linke war halb kahl, denn die hatte ihm ein Streifschuß zerfetzt. Die langen Federn auf dem Rücken zeigten eine breite Lücke, denn dort hatte ihn eine Kugel gefaßt. Das hatte scheußlich weh getan, und er war erst wieder zur Besinnung gekommen, als ein Hund ihn hinten und einer vorn zerrte; beide blieben mit aufgeschlagenen Rippen am Platze.

Auch sein wehrhaftes Gewaff hatte Schaden genommen. Ein Schuß in das Gebräch hatte den rechten Haderer der Schneide beraubt und einen Stumpf daraus gemacht. Und der Pürzel, sogar der hatte daran glauben müssen. Er hatte einen Knick in der Mitte von einem Pistolenschuß.

Das eine Auge war blind. Ein Hagelkorn hatte es durchschlagen, und beide Gehöre waren aufgeschlitzt von Hundezähnen. Außerdem wies die Schwarte überall Schmisse auf, die er sich bei den Kämpfen in der Rauschzeit geholt hatte. Kurzum: er hatte allerlei erlebt, kannte die Welt und benahm sich dementsprechend.

Darum ließ er es erst Nacht werden, ehe er die Dickung verließ, und er trat da aus, wo er den Wind gegen sich hatte, und auch dann erst, als er eine Viertelstunde gesichert hatte. Dann aber legte er sich auch keinen Zwang auf und vergnügte sich damit, die morschen Fichtenstümpfe auf dem verwachsenen Kahlschlag kurz und klein zu brechen, denn sie saßen voll von Käfern, Puppen, Larven und Schnecken.

Darauf jagte er eine Fasanenhenne von ihrem Gelege, fraß die Eier sämtlich auf, ließ eine Menge Mäusebrut und einen Junghasen hinterdreinwandern, vergaß auch nicht, das Haferstück um und um zu pflügen, denn es saß voll von Engerlingen, nahm mit, was er an Fröschen, Blindschleichen und Vogelbrut antraf, scheuerte sich lange und ausgiebig an einer harzigen Fichte, machte aus einem Kartoffelfelde einen Sturzacker, verhunzte einen Saatkamp gänzlich und schlief um die Zeit, als der Bauer und der Förster an der Stätte seiner Untaten standen und den Zorn Gottes auf ihn herabwünschten, eine halbe Meile weiter in einem verwachsenen Erdfall, der im tiefsten Forst lag.

Selbstverständlich wurde die Fichtendickung, in die er sich den Tag vorher versteckt hatte, getrieben, weil seine Fährte hinein- und herausstand, aber natürlich bekam man ihn nicht, weil er eben nicht mehr da war.

So trieb er es den ganzen Sommer über. Bald war er hier, bald war er dort, aber nie da, wo man ihn suchte. Heulen und Wehklagen gab es, wo er erschien. Hier waren die Frühkartoffeln ausgewühlt, da die jungen Erbsen zuschanden getrampelt, und im Getreide waren Gänge über Gänge. Aber man sah immer nur, daß er dagewesen war; wo er war, das wußte man nicht.

Einige Leute behaupteten, es wäre gar kein wildes Schwein, sondern eine Art von bösem Geist oder Gespenst, denn anders müßte man seiner doch einmal ansichtig werden. Alle Jäger weit und breit dachten an nichts anderes, als an den Keiler, und saßen viele Nächte auf ihn an.

Zu Gesicht bekommen hatte ihn aber nur einer, und der behielt das für sich, denn als er in seinem Loch vor dem Felde saß, hatte der Basse, wie aus der Erde gewachsen, plötzlich dicht vor ihm gestanden und so schrecklich ausgesehen, daß dem Mann das Herz bis in den Flintenlauf hineinschlug und er an dem Keiler gründlich vorbeischoß, und dann lief, was er nur laufen konnte, und gar nicht daran dachte, daß er Rucksack und Jagdglas liegen gelassen hatte. Als er am anderen Morgen die Sachen holen wollte, waren sie verschwunden.

Endlich hieß es: „Wir haben ihn fest!" Ein Mann, der vor Tau und Tag zum Arzt wollte, hatte gesehen, daß der Keiler eine mächtige Weidenpflanzung, die im Felde lag, annahm. Nun wurde alles zusammengeholt, was den Finger krumm machen konnte. Man umstellte die Weiden und schickte die Hunde hinein. Sie gaben Standlaut, aber als sich endlich drei Mann zu ihnen trauten, hatten sie einen Zaunigel vor sich.

Da gab es nun ein großes Hallo, und als sie alle auf einem Haufen standen und lachten und schimpften, da plauschte es in den Weiden, schnaufte es, brach es, und weg war er, der Keiler, und in den großen Weizenschlag gewechselt. Als man den aber abspürte, stellte es sich heraus, daß er in den Roggen hinein war, und da spürte man das Roggenfeld ab und fand, daß er schon in den Viehbohnen war, und da war er auch schon wieder heraus und in das Holz hinein.

Man hielt Kriegsrat, beschloß, das Holz zu treiben, machte drei Triebe, aber wer sich nicht blicken ließ, das war der Basse, denn der steckte schon längst in dem großen Haferschlag.

Der Sommer ging, der Herbst kam; der Keiler war noch immer im Helmetal, aber das Helmetal war lang und breit. Da es mit Gewalt nicht ging, versuchte man es mit List, körnte ihn an, streute ihm Mais, Hafer, Rüben, Wurzeln. Er nahm sie manchmal auch an, aber nur dann nicht, wenn irgendwo ein Jäger auf ihn ansaß, oder wenn schon, dann erst, wenn Himmel und Erde eins waren und man das Ende vom Gewehr nicht mehr sehen konnte.

Kinder, die Beeren pflückten, und Frauen, die Dürrholz lasen, lief er am hellichten Tage an, nur keinen Mann, der einen grünen Rock anhatte, bis auf den alten Forstmeister, der ihn am hellen Mittag aus der Suhle steigen sah und sich beinahe seinen ehrwürdigen Bart ausriß, denn als er die Büchse von der Schulter und den Hahn gespannt hatte, da hatte ihn die Sau auch schon spitz und ging flüchtig ab, und die Kugel traf sie ebensowenig wie die unchristliche Redensart, die der Weißbart ihr nachrief.

Schließlich kam er einem ganz jungen Förster, aber der führte Weichblei, und die Sau stand halbspitz von vorn. Er bekam die Kugel zwar gut aufs Blatt, aber bei so einem alten Panzerschwein, dessen Schild hart und dick wie die Haut des Nilpferdes ist und das eine fingerdicke Harzkruste trägt, ist gut Blatt von vorn der schlechteste Schuß und schlecht Blatt von hinten die einzig wahre Stelle, und schnaufte die Sau bloß, machte kurz kehrt, und der Förster stand da und benahm sich wenig geziemend.

Am übelsten aber ging es einem Gutsverwalter. Dem hatte der Keiler ein Kartoffelstück, das in einer Waldecke lag, so zugerichtet, daß der Spaß dabei aufhörte. Nun war dieser Gutsverwalter ein ganz gerissener Mann. Er ließ den Knecht anspannen und eine Leiter aufladen. Dann mußte der Knecht unter eine Eiche fahren, die vor den Kartoffeln stand, und vom Wagen aus, damit keine Fährten den Bassen vergrämten, wurde die Leiter in den Baum gestellt und darüber ein Hochsitz gemacht, und den nahm der Verwalter ein, und der Knecht fuhr weiter.

Das war um fünf Uhr nachmittags. Um zehn Uhr abends meinte der Verwalter, daß es allmählich Zeit für den Keiler wäre. Der wartete aber, bis der Mond hinter den Wolken war, und dann machte er sich in aller Seelenruhe über die Kartoffeln, schmatzte, daß es eine Freude war zu hören, wie es ihm schmeckte, aber als der Mond wieder die Wolken beiseite schob, hielt der Keiler es doch für besser, sich zu empfehlen. Zuvor aber schubbelte er sich noch so lange an der Eiche, auf der der Verwalter saß und sich bald den Hals abdrehte, bis daß er glücklich die Leiter umwarf und erschrocken abtrollte.

Der Verwalter aber mußte die ganze Nacht im Baum sitzen und war, als morgens der Knecht kam, um zu sehen, ob er noch lebte, vor Kälte so steif wie eine überjährige Mettwurst, so daß er kaum die Leiter hinuntersteigen konnte. Der Keiler aber kam nicht wieder; die Geschichte mit der Leiter hatte er übelgenommen.

Der Herbst ging, und der Winter kam. Der Keiler war noch immer da, aber er schätzte die Abwechslung so sehr, und so kam er nicht zum Abschuß. War er gestern im Buchenaltholz gewesen und hatte sich an den süßen Bucheckern gütlich getan, heute war er ganz gewiß nicht da, sondern eine halbe Meile weiter, wenn nicht eine ganze, denn die Nächte waren lang.

Unverschämt wie er war, kam es ihm gar nicht darauf an, eingemietete Kartoffeln oder Rüben auszuwühlen oder in den Pflanzgärten Unfug anzustiften, und einmal, als er spät abends quer über die Landstraße schoß, warf er den Briefträger um, der ohne Licht dahergeradelt kam. An dem Rad waren drei Speichen und an dem Briefträger drei Rippen aus der Reihe gekommen.

Das Schlimmste war, keiner wollte glauben, daß der böse Keiler das gemacht hätte, sondern alle sagten, es würde wohl das gute Bier gewesen sein. Aber es war wirklich der Keiler gewesen, und ihm hatte der Vorfall ebensowenig gepaßt wie dem Briefträger und der Postbehörde, die, bis der Briefträger wieder aus dem Bett war, was drei Wochen dauerte, Vertretung stellen mußte.

Schließlich hieß es: „Wenn wir nur erst Spürschnee haben!“ Der ließ aber bis Weihnachten auf sich warten, und dann war es wieder verkehrt, denn nun schneite es in einem Ende, und schneite die Fährten, die der Keiler machte, alle wieder zu, und dann gab es Tauwetter und Plattfrost und Regen und wieder Plattfrost, und es war nichts zu wollen.

So wurde es Ende Januar, bis daß der Basse bestätigt wurde. Boten liefen und ritten, Fernsprecher klingelten, Butterbrote wurden gestrichen, Schnapsflaschen gefüllt, und um zehn Uhr hielten acht Wagen bei der Oberförsterei.

Der Forstmeister hielt in Anbetracht der Schwere des Falles eine Rede, teilte mit, daß ein Fehlschuß mit einem Taler zu Gunsten der Hinterbliebenen im Dienst erschossener Forstleute bestraft werde, empfahl Vorsicht, denn angeschweißte Sauen wären von großer Rücksichtslosigkeit und kümmerten sich den Teufel weder um das Strafgesetzbuch noch um die Haftpflicht, wären außerdem nervös und hätten am liebsten ihre Ruhe, weswegen man sich völlig lautlos, womöglich noch leiser, zu seinem Stand zu verfügen habe, auch sei Niesen und Husten bis zum Abblasen zu verschieben.

Es war ein bildschöner Tag. Der Himmel war hoch, und die Luft war still. Die Fichten hatten Schneemützen auf und die Jungbuchen weiße Hemden an, und die Meisen piepten in den Zweigen. Es dauerte eine Stunde, bis die Schützen angestellt waren, und mancher von ihnen fand, daß eine Saujagd auf die Dauer ein fußkaltes Vergnügen wäre. Aber dann wurde angeblasen, und warm lief es ihnen zwischen Hemd und Haut über den Rücken.

Erst kam eine halbe Stunde gar nichts; dann dem einen ein Fuchs und dem anderen ein Hase, aber darauf zu schießen, war bei Todesstrafe, ja sogar bei zehn Mark Geldstrafe, verboten, und dann kam eine ganze Weile wieder nichts, und dann ein Treiber und noch einer.

Schon seufzten die gesitteten Jäger, und die ungesitteten murrten dumpf, da gab ein Hund Laut, und noch einer, und der dritte, und es war ein Lärm, wie auf einer internationalen Hundeausstellung, und dann pfiff ein Hund in den höchsten Tönen. Die anderen aber gaben Standlaut.

Dann fiel ein Schuß, und jemand schrie: „Hilfe, Hiiilfe!“, und die einen sahen sich nach anständigen Bäumen um und fanden es rücksichtslos, daß ringsumher nur junge Bestände waren, die höchstens eine Eichkatze, aber keinen ausgewachsenen Mann tragen konnten. Andere aber rannten, so schnell sie ihre langen Stiefel tragen wollten, dahin, wo der Lärm war, und da sahen sie ein Bild, schrecklich schön, und doch zum Lachen.

Da war nämlich ein Heringssalat von einem Keiler, sechs Hunden und vier menschlichen Gliedmaßen, von denen zwei in langen Stiefeln steckten und ganz erbärmlich zuckten, während ihr Besitzer dauernd um Hilfe schrie und mit dem Büchsenkolben bald den Keiler, bald die Hunde abwehrte.

Es war ein solches Gebrabbel und Durcheinander, daß keiner wußte, was ist nun Schütze, was Sau, was Hund, und so mochte niemand dem Keiler den Fangschuß geben, noch ihm mit der kalten Waffe auf die Schwarte rücken.

Da sprang der jüngste Schütze, ein dünner Forstlehrling, mit einem Milchgesicht und noch ganz glatt unter der Nase, mit drei Sprüngen hinzu, zog vom Leder, und ehe die ausgewachsenen Männer noch recht wußten, wie es zugegangen war, stand er neben dem Keiler, steckte die rottriefende Waffe in die Scheide, trat die Hunde ab und riß den verunglückten Schützen unter der Sau fort.

Nun schrie alles „Bravo!“ und dann sah man sich den Mann an, der fünf Minuten lang unter der Sau gelegen hatte. Er sah böse aus, denn die Hunde hatten ihm in ihrer Wut die Hosen in ganz erheblichem Maße geflickt und ihm andauernd im Gesicht herumgestanden. Das war aber auch alles; die Knochen hatte er noch alle zusammen und einen Fleischschmiß auch nicht abbekommen.

Man gab ihm einen Schnaps, und nun sollte er erzählen. Ja, was war da zu erzählen? Er hatte gehört, wie dicht vor ihm die Hunde den Keiler verbellten, hatte sich herangepirscht und geschossen. Von da ab erinnerte er sich der Reihenfolge der Tatsachen nicht mehr ganz genau. Er wußte nur, daß er auf einmal unter dem Keiler und zwischen einer unglaublichen Masse von Hundebeinen lag, daß ihm bald der Schnee, bald der Geifer der Sau in Mund und Augen flog, und dann wäre es ihm heiß und naß über das Gesicht gelaufen und dann hätte er gar nichts mehr sehen können.

Er möchte bloß wissen, wo seine goldene Uhr und seine silberne Zigarettendose sei und ob drei Büchsenmacher wohl wieder seine funkelnagelneue Doppelbüchse halbwegs gesund bekämen. Aber schließlich: die Hauptsache sei doch, daß er Jagdkönig sei. Es sei die erste Sau, die er geschossen habe. Daraufhin trank er noch einen Schnaps.

Der Keiler wurde auf die Brandrute gezogen, und dann suchte man den Anschuß. Es war keiner da. Rundumher Hohngelächter der Hölle. Das Gesicht des glücklichen Schützen wurde noch einmal so lang, das des Forstlehrlings nahm eine vollmondartige Form an. Man drehte die Sau um und um, besah sie von vorn und hinten, es war und war kein Anschuß zu finden. Der Schütze mußte zeigen, wo er gestanden und wohin er geschossen hatte, und da fand man den Anschuß: eine Jungfichte war mitten durchgeschossen. Neues Hohngelächter! Drei Mark für den Verein „Waldheil" waren fällig wegen Fehlschusses! Drittes Hohngelächter!

„Malhör über Malhör!" sprach der Forstmeister, brach einen Bruch, zog ihn durch den roten Schweiß und reichte ihn auf seinem Hut dem Forstlehrling. „Sau tot!" blies das Horn. Heim ging es. Fast alle ließen die Köpfe etwas hängen. Und leise sprach der Forstmeister: „Pech ist Pech! Das größte Pech hat der Bengel da. Fängt ein gesundes Hauptschwein mit der kalten Waffe ab. Wenn der nicht Größenwahn kriegt, weiß ich es nicht!"

Am anderen Tage kam der Trichinenbeschauer, machte seine Proben und sprach mit strahlendem Gesicht: „Trichinen hat er ooch!"

„Auch das noch!" sprach der Forstmeister und trank einen Schnaps.

Hermann Löns (1866 – 1914) studierte Medizin und Mathematik, war dann – meist in Hannover und Bückeburg – als Schriftsteller tätig und führte zuletzt als freier Schriftsteller ein unstetes Leben. Obwohl außerhalb Niedersachsens geboren, ist Löns der Dichter der niedersächsischen Heide geworden, deren Pflanzen- und Tierleben er mit naturwissenschaftlich geschultem Blick durchforschte. Seine Tiergeschichten gehören zu den besten ihrer Art. Er fiel im Ersten Weltkrieg als Freiwilliger bei Reims.

Philipp Graf Meran

Mein größtes Schnepfenpech

Die Schnepfensaison 1975 war vielversprechend angelaufen. Mitte März hatte es sogar geregnet, ein empfindlicher Nachwinter nach einem fast schneelosen Winter verhinderte das „Verzetteln" des Schnepfenzugs. Wohl waren Anfang März einige Vorboten eingetroffen, doch der erste Hauptzug erschien pünktlich um den 21. März. An diesem Tag hatte ich meine Zelte auf der Rosalia aufgeschlagen und konnte gleich in den ersten Tagen zwei Schnepfen erlegen.

Karfreitag war ein milder, windiger Tag. Erst gegen vier Uhr nachmittags erschienen im Westen Wolken, schoben sich vor die Sonne und überzogen die Berge und das Flachland. Gleichzeitig setzte ein Gewitter ein, wie ich es noch nie zu dieser Jahreszeit erlebt habe. Ich war auf dem Plateau des Klosterriegels und übersah das ganze flache Land bis hinüber nach Ungarn und zum Neusiedler See. Es war ein wunderbares Schauspiel. Manche Teile des Landes waren noch sonnig, in anderen gingen blauschwarze Schauer nieder. Am ärgsten war es bei Hornstein am Leithagebirge. Hier hagelte es. Im Neustädter Becken fiel Schnee. Die frühe Dunkelheit versank im gleichmäßigen Rauschen eines hartnäckigen Landregens. Gleichzeitig fiel die Temperatur. Ich fuhr nach Siegendorf zurück.

Als um vier Uhr früh der Wecker rasselte, galt mein erster Blick dem Fenster. Draußen regnete es leicht, der Wind hatte aufgehört. Ich entschloß mich zum Aufbruch. Je näher ich dem Rosaliengebirge kam, desto kälter schien es zu werden. Bei Mattersburg lag schon eine lückenlose Schneedecke, die bei der Auffahrt in Wiesen schon über 10 Zentimeter Höhe hatte. Auf dem gewohnten Parkplatz am Klosterriegel aber bot sich im Lichte der Scheinwerfer ein märchenhaftes Bild. Schon hier im Tal lagen etwa 25 Zentimeter Neuschnee. Er lag auf den Holzstößen, auf den Baumstämmen und in den Astgabeln. Auf jedem Ast und Ästchen türmte sich eine Spanne lockeren, nassen und makellos reinen Schnees. Ich zögerte. Hatte es einen Sinn, überhaupt aufzusteigen? Ich sah auf die Uhr. Es war noch nicht einmal 4.25 Uhr. Vor fünf Uhr war eigentlich kein Schnepf zu erwarten, und der Aufstieg dauerte (normalerweise) nicht mehr als zehn Minuten! Sollte ich? – Nun, meine lieben Leser werden es erraten haben: Ich packte meine alte Flinte, nahm ein Dutzend Patronen in die Taschen meines Hubertusmantels, und schon war ich unterwegs. Der Aufstieg wird mir mein ganzes Leben in Erinnerung bleiben. Dort, wo ansonsten ein gut begehbarer, nur leicht ansteigender Hohlweg zu den mittleren und oberen Schnepfenständen führte, gab es jetzt kein Durchkommen. Die etwa armdicken Buchenstangen hatten sich unter der unglaublichen Last des nassen Schnees von rechts und links über den Weg gelegt, bildeten einen endlosen Triumpfbogen, der nur den einen Nachteil hatte, daß er nicht höher als 120 Zentimeter war. Zuerst versuchte ich, die einzelnen Stämme abzuklopfen, und in Sekundenschnelle ward ich zum Schneemann. Dann, jetzt schon etwas ärgerlich, versuchte ich mich seitlich durch die Büsche zu schlagen. Oberjäger Strodl war noch nicht angekommen, und ich verfehlte den Weg rettungslos. Der Schnee wurde von Meter zu Meter höher, die ganze Landschaft hatte sich verändert. Dazu kam noch ein durch den Schnee verursachtes unwirkliches Licht, bereits um dreiviertel fünf leidliches Schußlicht.

Ich war bis auf die Haut durchnäßt, schwitzte wie ein Rennpferd und war über die Zeit hinaus am Klosterriegel umhergeirrt. Endlich wußte ich, wo ich war. Ich mußte umkehren. Während ich mühsam durch den Schneedschungel zurücktaumelte, hörte ich einen Schnepf über mich hinwegquorren. Plötzlich stieß ich auf Strodl, der seinen Stand auf der kleinen Lichtung oberhalb des meinen schon eingenommen hatte. Ich muß auf ihn eine sonderbare Wirkung ausgeübt haben, denn er sah mich halb mitleidig, halb zweifelnd an. So licht war es schon, und es fehlten noch fünf Minuten auf fünf Uhr. Endlich hatte ich meinen Stand erreicht. Mechanisch reinigte ich die allernächsten Äste vom Schnee, öffnete meine Flinte, um zu laden und stellte fest, daß trotz größter Vorsicht beide Läufe völlig vom Schnee verstopft waren.

Und gleichzeitig kam langsam und quorrend von vorn, leicht

gaukelnd und schwarz gegen den weißen Hang sichtbar, der erste Schnepf. Ich mußte ihn passieren lassen. Fieberhaft suche ich nach einer Lösung, reiße Äste ab, um die Läufe durchzuwischen. Es gelingt nicht. Die Äste brechen ab, der Schnee im Lauf wird noch härter. Nun beginne ich auf die Läufe zu klopfen. Umsonst. Von links kommt schnell und puitzend der zweite Langschnabel. Ich könnte ihn mit dem Hut herunterschlagen, so schön streicht er minutenlang an mir vorbei.

Nun habe ich eine neue Methode entwickelt: Ich versuche, mit dem dickeren Ende eines Buchenastes von vorne durch die Läufe zu „stierln". Noch habe ich den ersten Lauf nicht frei, kommt niedrig von hinten und lautlos der dritte Schnepf – völlig unfehlbar – über mir. Unterdessen ist es fast taghell geworden. Der Schnee reflektiert das Licht, der Hintergrund ist hervorragend, und es ist erst sechs Minuten nach fünf Uhr!

Nun habe ich beide Läufe freibekommen. Will endlich laden. Und da erlebe ich wieder eine Enttäuschung. Die Patronen, die ich erwische, obenauf in der rechten Manteltasche, sind derart mit Wasser angesogen, daß sie nicht in den Lauf hineingehen. Während dieses Manövers überfliegt mich schnell und in erreichbarer Entfernung ein Schnepfenpaar. Die Richtung der Schnepfen ist durchwegs bergab. Obzwar ich zuerst der Verzweiflung nahe bin, beruhige ich mich nun und genieße den unfaßbar herrlichen Morgen und den nie dagewesenen Anblick doch. Aus der Hosentasche zaubere ich zwei trockene Patronen hervor und lade endlich. Es ist zehn nach fünf. Nun bin ich endlich schußbereit und harre gespannt in alle Richtungen. Und Nummer sechs kommt tatsächlich. Genau auf mich zu, leicht rechts und links ausschwenkend, nicht schnell, aber zügig. Den will ich sicher haben. Lasse mir Zeit, bin eiskalt und beherrscht. Lasse den Schnepf auf zwei Meter meinen Stand passieren, drehe mich ruhig um, damit ich ihn nach hinten elegant und auf angemessene Entfernung herunterschießen kann, drehe mich also um… und sehe keinen Schnepf mehr. Er ist hinter den behangenen Ästen wie hinter einer gigantischen Kulisse verschwunden, kommt nicht mehr zum Vorschein. Nun bin ich doch etwas verzagt. An die schneebedeckten Äste habe ich nicht gedacht, nahe wollte ich (mit meiner Vollchoke-Springer) nicht schießen. Habe es vermurkst, ganz allein ich, doch eigentlich fühle ich mich schuldlos. Nun streicht der siebente Schnepf auf etwa 60 Meter schnell und niedrig an mir vorbei. Meine zwei nachgeworfenen Schüsse gehen fehl. Sie hallen dumpf und unwirklich, und ihr Echo verdeckt den dritten Schuß, den Jäger Strodl abgibt, denn ihn ist sie angestrichen.

Noch immer habe ich Hoffnung, harre aus bis fünf Minuten nach halb sechs, dann ist der bemerkenswerteste Frühstrich meines Lebens zu Ende. Es ist taghell geworden. Der ganze Berg ist überzuckert, kein fremder Ton ist zu hören. Aus den dicken Schneewülsten ragen hier und dort gelbgraue Palmkatzerln. Die Vögel zwitschern, als hätte sich nichts geändert, doch klingen ihre Jubellieder gedämpft und unwirklich. Wenn die Amseln hier vor mir mit den Flügeln schlagen, fallen Millionen zartester Flöckchen von den demütig niedergebogenen Ästen. Befreit erheben diese sich, zittern noch ein wenig und ragen dann als häßliche Fremdkörpfer gegen den blauweißen Hintergrund. Der zum Großteil bewölkte Himmel scheint bleigrau und ist von einem makellosen Weiß umrahmt, das Bäume, Wälder, Hügel und Täler bedeckt. Während die hohen Berge im Norden und Westen schon vom glühenden Rot der aufsteigenden Sonne geküßt werden und sich blutig rot färben, ist im Osten nur eine Spanne Himmels frei. Erwartungsvolle Stille senkt sich auf die Landschaft. Und dann erscheint langsam und majestätisch, verblüffend und trotzdem selbstverständlich die glanzlose, riesige rote Sonnenscheibe. Niemals vorher habe ich etwas ähnlich Wunderschönes gesehen! Ganz langsam schiebt sie sich über die fernen Nebelschichten, wird kleiner und glänzender, heller und feuriger, und ihre ersten zaghaft ausgesandten Strahlen tauchen den weißen Märchenwald in zartes Rosa mit bizarren und doch natürlichen, matten und immer mehr glänzenden, in Schatten und Licht sich bewegenden, immer wandelnden Formen!

Bis lange nach sechs bleibe ich auf meinem Stand und vergesse die Welt. Mein Pech erscheint mir auf einmal wie ein wunderschönes Abenteuer, ein nie mehr wiederkehrendes Erlebnis. Man weiß, wie leidenschaftlich ich den Schnepfenstrich liebe. Aber heute, an diesem Karsamstag, ist es mir irgendwie anders zumute. Solch ein Naturerlebnis läßt alles andere in den Schatten rücken, die Frage der Beute ist nebensächlich geworden. Das Erlebnis wird zur Erfahrung und später zur unauslöschlichen Erinnerung. Das ist an diesem Tag meine allerschönste Beute, die der leere Galgen niemals vermindern kann.

Langsam steige, nein turne ich zu meinem Jagdkameraden Strodl hinauf. Dabei rinnt mir das Schneewasser beim Kragen hinein, schlagen mir eisstarre Äste ins Gesicht. Die Amseln schimpfen, herrliche Palmkatzerln glänzen in der Sonne, und feine Tröpfchen spiegeln ihr rotes Morgenlicht. Strodl scheint seinen Schnepf zu suchen, denn ab und zu höre ich sein unterdrücktes Stöhnen und gar nicht österliches Fluchen. Kein Wunder, er sucht in einer Fichtenkultur, die man auch bei trockenem Wetter nur fluchend durchqueren kann.

„Da liegt er ja", höre ich ihn jauchzend rufen, und dann erscheint ein ramponierter Schneemann, ohne Hut, doch in der Rechten den dunkelbraun wirkenden Schnepf. Herzlich gratuliere ich und freue mich aufrichtig, daß wir doch nicht ganz ohne Beute heimkehren. Daß ich hätte sechs Schnepfen schießen können – an das denke ich überhaupt nicht. Wie berauscht bin ich noch von all dem Erschauten.

Nun wird es im Wald aber lebendig. Ringsum tropft es und rauscht es, denn die niedergebogenen Äste schnellen erleichtert in ihre alte Position zurück. Die balzenden Vögel sind in Bewegung, der ganze Wald rumort. Österliches Großreinemachen, siegreicher Kampf des Frühlings gegen den störrischen Winter? Vorläufig sieht es noch sehr weihnachtlich aus. Nur die kleinen und mittleren Fichtenbäumchen rühren sich nicht. Sie werden erst um die Mittagszeit ihre weiße Last verlieren. Doch dann siegt dennoch das Frühjahr. Auf der großen, einsamen Lärche, die aus dem alten, längst verwachsenen Schlag gegen den blutroten Himmel ragt, ruckst der Tauber sein Liebeslied. Der Gigantenkampf ist entschieden, Ostern steht vor der Tür.

Philipp Graf Meran

Parkjagd in Finkenegg

Als ich so gegen zehn Uhr abends die Tür meiner Wohnung öffne, klingelt das Telephon. Sicher wird es wieder die Rothaarige sein, denke ich – und hebe ab. Aber es ist nicht die Rothaarige. Es ist die heisere Stimme von Heini Woracziczky, des Jagdherrn in Finkenegg. Eine sehr nette Stimme, die man immer gerne hört.

„Also morgen machen wir die Parkjagd, bist du noch frei?"

„Ja" – lüge ich – „noch bin ich frei."

Dabei liegen zwei Jagdeinladungen zum Aussuchen auf meiner Kommode.

„Also dann sehen wir uns um acht Uhr. Bring viele Patronen mit." Und schon hat er aufgelegt. Ich schaue nachdenklich vor mich hin. Die Parkjagd in Finkenegg, so Mitte der fünfziger Jahre, galt in der Steiermark neben Brunnsee und Lieboch als die beste Fasanenjagd. Sicher werden meine Freunde Verständnis haben, wenn ich nicht komme, aber beide sind ja meistens mit von der Partie. Und tatsächlich läutet noch vor elf Uhr das Telephon und beide – eben zu dieser Zeit vom Finkenegger Jagdherrn angerufen – sagen ab und freuen sich auf ein Wiedersehen. Es dauert längere Zeit, bis ich einschlafe. So ist es immer. Zu den besten Jagden wird man zuweilen sehr spät eingeladen. Und bei Heini kommt die Einladung immer spät. Der Volkswagen steht vollgetankt in der Einfahrt, Springer-Flinte, Patronentasche, Sitzstock und Muff liegen auf dem Hintersitz, die Reisetasche mit frischer Wäsche und Smoking im Kofferraum. Die Nacht verläuft, wie Nächte passionierter Niederwildjäger eben verlaufen. Tiefer Schlaf, doch Aufwachen zehn Minuten vor dem Weckergerassel, und raus aus dem Bett.

Es ist Nebel über der Elisabethstraße, als ich die Vorhänge auseinanderziehe. Schnell wird der Kaffee hinuntergeschluckt, das Käsebrot in die Tasche gesteckt, und schon rollt der Wagen auf die kühlmorgendliche Straße hinaus. Es ist der 31. Oktober und um viertel acht Uhr völliges Tageslicht. Nur der Nebel zwingt mich, langsam zu fahren. Ich nehme die Merangasse, Grambach, Mellach und den Murberg, fahre an Herbersdorf vorbei und bin zehn Minuten vor acht Uhr im Schloßhof von Finkenegg. Knapp vor dem Gasthaus Pock holt mich der Wagen meines Onkels Franzi ein. Im Hof stehen schon die bunten Limousinen.

Malerische Gestalten entsteigen den Autos. Figuren in englischen Jagdanzügen, mit dünnen und dicken Wadeln, Pumphosen oder Knickerbockern und meist peinlich gereinigten Gummistiefeln, die im wahrsten Sinne des Wortes „salonfähig“ sind.

Heini Woracziczky begrüßt die Gäste mit jovialem Handschlag. Er ist ein mittelgroßer, grauhaariger, schlanker Herr mit einer roten Nase, einem grauen Schnauzbart und einem moosgrünen Hut auf dem Kopf. An diesem Hut hängt seit Jahren an einem Faden ein schütterer Saubart. Wenn er zur Begrüßung den Hut lüftet, wackelt der Bart gefährlich. Wir sammeln uns im Salon, wo Slibowitz und Kaffee mit einigen Bäckereien gereicht werden.

Neben dem schon erwähnten Onkel Franz Meran sind folgende Jagdgäste angekommen: Ernst Coburg, Heinrich Saurma, Heinrich D'Avernas, Michel Trauttmansdorff, Ernst Stubenberg, Hansi Meran, Alfi Liechtenstein, Zsiga Batthyány, Jörg Mayer-Heinisch, Georg Lippit und Walter Muhry. Das Wetter hat aufgeklart, vielfarbig glitzern die Tautropfen auf den noch nicht abgefallenen Blättern. Das Gespräch ist voll freudiger Erwartung und angeregt. Zwischen unseren Beinen der ebenfalls aufgeregte alte „Troll“, des Jagdherrn struppiger Rauhhaar.

Schon nach einer Viertelstunde wird aufgebrochen. Freudig und flink stolpern die Gäste zu ihren Wagen, um sich fertigzumachen. Prall gefüllte Taschen, Patronensack auf der Schulter, offene Flinte am Arm, so stehen wir da. Und im Hof haben sich indessen die übrigen Jäger und Oberjäger Macherl mit den Treibern versammelt. Über Macherl könnte man noch einige Worte verlieren. Er ist klein und dürr, hat eine große Nase, treue und schlaue Augen, einen riesigen Hund, der ihn, angeleint, immer zum Stolpern bringt, und eine antike Jägertrompete umgehängt. Er hält militärische Ordnung. Kaum ist der letzte Gast eingetroffen – es handelt sich um Bruno Friesnigg, den Wirt vom Franziskanerplatz in Graz –, begeben sich die Schützen im Gänsemarsch hinter dem Jagdherrn auf das Feld vor dem Park, wo der erste Trieb genommen wird. Die Treiber und einige Lokalschützen nehmen einen anderen Weg.

Der erste Trieb ist ein großes, zum Gut gehörendes Maisfeld, speziell für diesen jagdlichen Zweck stehengelassen. Zwischen dem Maisfeld und dem Park liegt ein rauher Acker. Auf diesem, etwa 80 Schritt vom Maisfeld, werden die Schützen angestellt. Das Anstellen besorgt Macherl, und man kann nicht sagen, daß er völlig ohne Sympathien und Antipathien wäre. Das Maisfeld wird schließlich in U-Form umstellt, und es gelingt, ohne daß ein einziger Fasan entflieht. Zu dieser Zeit waren die Maisfelder aber noch voller dichtem Unterwuchs, nicht so wie heute. Neben mir, der ich meinen Stand inmitten der „Brust“ bekomme, steht linker Hand Bruno Friesnigg. Sein Gesicht, ähnlich dem Ludwigs XIV. mit ganz schütterem, fettigem Haar, ist voller Wohlwollen. Sein Körper ist groß, man kann nicht behaupten, daß er schlank ist, nur die dünnen Beine stecken in prachtvoll geputzten Lederstiefeln. Das heißt: sie waren geputzt, denn der Sturzacker, auf dem wir Anstellung nehmen, klebt wie ein mißlungener Auflauf. Rechter Hand steht der Star der Schützen, der elegante Zsiga Batthyány. Schneeweiße, nach hinten gekämmte Haare, ein braunes, gesundes Gesicht mit englischem Bärtchen, Steireranzug, Steirerhut und eine 20er-Flinte. Zsiga Batthyány ist einer der wenigen Stammgäste im legendären ungarischen Pusztaszer gewesen, ein herausragender Flugwildschütze und ein humorvoller Herr. Es dauert noch eine Weile, bis angeblasen wird. Mit den Füßen scharre ich mir eine halbwegs ebene Fläche, wo ich stehen kann. Beim Schrotschuß ist das „Stehen“ sehr wichtig. Der untere Teil des Körpers muß stabil sein. Der Ton der alten Trompete klingt wie eine Eisenbahnlokomotive, der man ein Weinfaß übergestülpt hat. Fast gleichzeitig hört man den Treiberlärm, und schon kommen die ersten Fasanen. Es sind zuerst nur vereinzelte Hennen, die sich hochschrauben und prachtvoll über die Schützen kommen. Ihr Ziel ist die nächste Dickung, der Park.

Nun hört man den Jagdherrn fluchen. Er stampft mit dem Fuß.

Bruno Friesniggs Foxel hat sich selbständig gemacht und strebt dem Park zu. Auweh, das könnte ins Auge gehen! Doch Fluchen, Pfeifen und Rufen nützen endlich, der Hund wird eingefangen. Und unterdessen kommen die ersten Hähne. Der erste fliegt Zsiga an, der zweite Friesnigg. Während Zsiga den seinen meisterlich herunterholt, ist Bruno noch mit der Leine seines Hundes beschäftigt. Da muß ich aushelfen, weit hinten fällt er mausetot auf den Acker. Nun kommen sie auf der ganzen Linie. Steil heben sie sich und wenden sich gleichzeitig dem Park zu. Es ist nicht leicht, hier gut zu schießen. Aber die Stammgäste kennen den Zauber schon lange. Es wird im allgemeinen sehr gut geschossen. Mit einem Auge beobachte ich die streichenden Fasanen, mit dem anderen meinen Ackerrayon. Die Treiber sind bis zur Hälfte durch, und es wird so gut getrieben, daß ständig Fasanen fast alle Stände der Front anfliegen. Dem Ende zu kommen sie bouquetweise, und manch ein Hahn rettet sich in den schützenden Park. Ich habe 14 Hähne geschossen, zusammen liegen aber 74 auf der Strecke. Nun kommt es zum Parktrieb. Sozusagen von der Küchentür weg wird der relativ kleine Park von Finkenegg angetrieben. Die Schützen stehen am Feld, wo der Schloßgarten in einer Dickung sein Ende findet. Diese Dickung ist mannshoch und bürstendick. Hier ist auch kein Zaun und keine Parkmauer. Dieser Trieb bietet ein in unseren Breiten seltenes Schauspiel. Ich habe nicht oft, auch später auf ganz großen Jagden, Triebe erlebt, wo solche Mengen Fasanen auf kleinstem Gebiet konzentriert waren. Und Heini Woracziczky hielt seine Parkjagd immer Ende Oktober ab, damit die Maisäcker noch ungeerntet stehen. Zu dieser Zeit ist eine solche Konzentration eine Seltenheit. Ein ganz großer Teil besteht aus Hennen. Diese werden nie geschossen. Aber es gibt auch genug Hähne. Oft sind ganze Wolken Fasanen in der Luft. Ein Teil der Hähne schwindelt sich nach hinten gegen die hohen Fichten durch. Aber der Großteil steht bouquetweise auf und streicht nach vorn. Die drei Hauptstände am Auslauf der Dickung sind die ergiebigsten. Hier stehen Franzi Meran, Zsiga Batthyány und der Hausherr. Zusammen fallen in diesem Trieb 101 Hähne und irrtümlich zwei Hennen. Ich habe halb flankierend wieder 15 Fasanen geschossen, Zsiga Batthyány weit über zwanzig.

Nach dem Schloßtrieb wird gewissenhaft nachgesucht, dann geht es über die Straße, wo ein längerer Feldtrieb, in den kleinere Wäldchen eingestreut sind, gegen das Schloß getrieben wird. Auch zwei Schnepfen kommen vor und werden erlegt. Dann folgt die Mittagspause, ein Höhepunkt dieser originellen Jagd. Da der Hausherr Besitzer eines der berühmtesten Weingärten der Südsteiermark ist und bei ihm auch sonst die Gastfreundschaft großgeschrieben wird, freuen sich alle auf dieses Gabelfrühstück.

Körbe werden in der prallen Mittagssonne ausgepackt, Stühle herbeigeschafft. Herrlich schmecken warme Blätterteigkuchen, die mit Fleisch gefüllt sind. Starker Sauvignon und Ruländer werden mehr bei der Gruppe um Bruno Friesnigg bevorzugt. Wir ambitionierten Schützen begnügen uns mit dem leichten Riesling, einem „Kutscherwein", den man kaum spürt.

Die Jagdherrin und ihre Tochter bewirten die Gäste rührend. Nachher wird zur allgemeinen Freude ein starker Kaffee serviert. Heinrich Saurma hat eigene Verpflegung mitgenommen. Auch sagt er, daß man in Schlesien immer sagte: Wein nur von sechs (abends) bis sechs (früh), während der Jagd solle man lieber nüchtern bleiben. Auch ich halte es eigentlich für vernünftiger. Doch sind mir angetrunkene Nachbarn insofern lieb, weil sie mehr durchlassen. Doch bei Woracziczky hielten die Stammgäste sehr auf ihre Form, auch konnte man ja nach der Jagd dem Alkohol zusprechen, wenn man einen Chauffeur hatte...

Wieder bläst Macherl in die unbeschreibliche Trompete, alles bricht auf. Einige Kniekehlen schwanken leicht, Macherl wird von seinem Hund glatt über die Flaschenbatterie geworfen. Nun blicken seine Augen tückisch, der Riesenhund heult auf, homerisches Gelächter folgt. Dann gehen wir zum nächsten Trieb.

Weit unten am südlichen Rand des völlig ebenen Reviers, unweit der Au, die aber einen eigenen Jagdtag erfordert, wird das erste Wäldchen getrieben. Erlenwald mit Unterwuchs, dichte Brennessel und Goldrute sowie kleinere Eichendickungen bilden guten Unterschlupf. Auf diesen Feldern steht kein Maisacker mehr. Die längliche Remise wird gegen die Dickung getrieben. Mein Stand ist mittelprächtig, ich stehe an der Flanke.

Während ich einen genau in der Mitte der Remise zurückstreichenden Gockel zweimal beschieße, steht vor mir in den Brennesseln ein Schnepf auf. Ich bin zwar ein schneller Lader und fix beisammen, aber bevor ich fertig bin, wird der Langschnabel von meinem Nachbarn erlegt. Einige Damen sind nun mit von der Partie und stellen sich teils auf die guten Stände, teils auf die Stände der jungen oder ledigen Herren. Schwärme von Saatkrähen streichen über die Felder, den Schachen an der Mur entgegen, wo sie übernachten. Dies läßt auf einen frühen Winter schließen. In der Steiermark ist die weitaus schönste Jahreszeit der Herbst, doch so Ende November kann man fast alle Jahre auf einen Wintereinbruch rechnen. Später dann, im Jänner, wird es oft sehr mild und regnet sogar, Mitte März kommt aber mit Sicherheit der Nachwinter, der bisweilen den ganzen Frühling verdrängt.

Von der verschmutzten Mur wehen faulig-abstoßende Düfte herüber. Es riecht ein wenig nach Lackieranstalt, ein wenig nach Apotheke. Die Farbe der Mur ist die einer Kloake.

Nun werden noch zwei kleine Triebe genommen, und der letzte befindet sich wieder ganz in der Nähe des Parks.

Gleich hohe Erlen, dazwischen wenig Unterwuchs und feucht. Ein Platz für Schnepfen. Und wirklich kommen hier drei Schnepfen vor, einer wird nur geschossen. Ich selber schieße am Rückwechsel drei lautlos dahersegelnde Fasanhähne, die viel Freude machen.

Dann ist die Jagd zu Ende. Strecke gibt es in Finkenegg keine, doch wird beim Abendessen das Resultat verlesen. Heute ergab es 367 Fasanhähne, 6 Hennen, 5 Schnepfen und 9 Hasen. Die 15 Stück Diverse, meist Eichelhäher, werden nur am Rande erwähnt. Zusammen liegen 402 Stück. Die Schützen haben sich in das Ankleidezimmer des Hausherrn begeben. Hier stehen sie nun umher, teils in Unterhose mit rosigem Hängebauch, teils in Leibchen, dürr oder dick. Zuletzt sind alle elegant und gepflegt. Steireranzug, Salonsteirer, Jagdsmoking oder Rosegger-Janker machen sich Konkurrenz. Man riecht nach diversen Rasierwässern und Seifen. Alle sind gut gelaunt und haben einen gehörigen Appetit. Wieder trifft man sich im Salon, wo der Hausherr einen starken Aperitif serviert. Die Damen sind vollzählig versammelt und meist in Dirndl oder Tracht gekleidet. Nun ist ihre Zeit angebrochen, nun haben sie zu reden.

Es ist acht Uhr, als die Hausfrau in den Speisesaal bittet. Hier wird ein östlich-opulentes Jagddiner serviert. Dazu gibt es acht der berühmten Woracziczky-Weine. Besonders sind es der Ruländer, der Traminer, der Sauvignon, der Riesling und der Blauburgunder, die je nach Gusto des einzelnen Gastes die Stimmung heben. Auch als die Erdbeerbombe restlos vertilgt ist und der türkische Kaffee die aufkommende wohlige Müdigkeit verjagt, wird wieder Wein aufgetragen, diesmal mit Mineralwasser, damit niemand betrunken wird. Onkel Franzi setzt sich ans Klavier, und in fröhlicher Stimmung bleibt die Gesellschaft bis elf Uhr beisammen. Dann ist der schöne, unvergeßliche Jagdtag zu Ende.

Jahre vergehen im schönen Steirerland. Nach einigen Jahren stirbt der Jagdherr. Die Umstände ändern sich, vergangene Tage kehren nie wieder. Die Parkjagd von Finkenegg gehört nun auch der Vergangenheit an.

PHILIPP GRAF MERAN wurde als viertes Kind Philipp Heinrich Merans, des Urenkels Erzherzog Johanns, und von Marianne Meran-Eltz 1926 in Csákberény (Ungarn) geboren. 1948 mußte er Ungarn endgültig verlassen; ab April 1949 tritt er in Graz in die Dienste des Landesmuseums Joanneum ein. 1952 wird er zum Leiter des Jagdmuseums in Schloß Eggenberg ernannt, dessen Aufbau und Ausgestaltung bis 1991 sein Lebenswerk ist. Mit Dezember 1991 ging Philipp Graf Meran in den Ruhestand.

Seit etwa fünfzig Jahren ist er als Autor und Jagdpublizist in verschiedenen Zeitungen des In- und Auslandes tätig, zwischen 1953 und 1983 als österreichischer Spitzenschütze im Wurftaubenschießen (Trap) außerordentlich erfolgreich. Seit 1988 Ehren-

präsident des Steirischen Wurftaubenclubs, dessen Gründungs- und Vorstandsmitglied er seit 1952 war, seit 1963 auch Mitglied des Internationalen Jagdrates (CIC). 1977 wird ihm für seine schriftstellerischen Leistungen der CIC-Literaturpreis verliehen; 1989 erhält er den Kulturpreis des Deutschen Jagdschutzverbandes.

Philipp Graf Meran ist Inhaber zahlreicher Auszeichnungen. Unter anderem erhielt er 1978 den Goldenen Ehrenring der Steiermärkischen Landesjägerschaft und 1986 das Große Goldene Ehrenzeichen des Landes Steiermark. 1983 wurde er vom Bundespräsidenten zum Regierungsrat ernannt; 1991 erhielt er durch das Staatsoberhaupt den Berufstitel „Professor“. 1992 bekam Graf Meran die höchste Auszeichnung des Internationalen Jagdrates zur Erhaltung des Wildes (CIC) „pro merito“ in Gold.

Edmund Müller

Die Frühlingsmorgensuite

Der Frühlingseinbruch hat im Hochgebirge seine eigene Art, seinen eigenen Stil und damit eine seinem eigenwilligen Verlauf entsprechende Partitur. Mag er sich außerhalb dieses rauhen Bezirkes in begünstigten Mittelgebirgen, im Hügelland, in der Ebene mit zarten Farbtönen und mit lyrischem Adagio herantasten und einläuten, in den Räumen der Hochberge stürzt er nach hauchfeinem Vorspiel einer ahnungsvollen Vorfrühlingsstimmung jäh mit stürmisch aufbrechender Gewalt über die Landschaft und fügt sich mit Fortissimo in den Lebensrhythmus und in den naturgesetzlichen Jahreszyklus ein. So wie der strenge König Winter sein unerbittliches, hartes Regiment führte, so wird er nun mit unbändiger Gewalt vom Thron gestoßen. Auch hier, nach den Gesetzen der Natur ausgerichtetes Symbol der lex humana, im Großen wie im Kleinen, in der Gesellschaft wie im Staatsgebilde – und im eigenen menschlichen Kreis! Da stehen eines Tages die Wälder blauschwarz im alten, kranken, mürben Schnee. Dann stürzt sich unterm weißen Wolkenwulst der Föhnsturm in wühlender Wucht über Gipfel, Kämme und Grate, Hänge und Täler. Und dann rauscht aus westlichem Grauhimmel der warme Regen auf die erwachende Erde herab. Das rieselt und rinnt am Boden, da schmelzen die Schneeberge, sinken und sacken zusammen und verwandeln sich in zu Tal eilende, gurgelnde, brausende Bäche. Die Flüsse schwellen und schwappen über die Ufer.

Da und dort allertags mehr, vornehmlich an den Südhängen, apern die ersten winterbraunen, nun frühlingsgrün erwachenden Flecken heraus, wachsen und erweitern sich. Hier und da, unter und zwischen Busch und Baum leuchten weißzart die Kränze der Buschwindröschen, läuten die gelbgrüngezipfelten duftenden Märzenbecher die neue Jahreszeit ein. Safranfarbig säumen die Huflattichblüten den Wegrand. Schwerer Seidelbastduft mischt sich mit dem Ruch erwachenden frischen Erdreiches. Erstes silbernes Rotkehlchengeperl, Meisengeläute, schüchterne, dann aufblühende Amselarien eröffnen die Hymne der wiedererwachenden Natur, den Gesang der Auferstehung.

Droben aber, in den lenzbereiten Bergwäldern skandiert und kündet eine urtümlich anmutende, eigenartige, geheimnisvolle Stimme, verhalten glöckelnd, den Aufbruch neuen Lebens an, der Sang, die Falz des Großen Hahns.

Es gab für mich jungen Jäger, Sohn des Hochgebirges, kaum eine Jagd- und Jahreszeit, kaum einen Anruf der lockenden Natur, kaum einen Anstoß der Schöpfung mit ihrem höheren Gesetzen gehorchenden Wandel und Wechsel, der mich so tief anrührte, ergriff, bewegte wie die Zeit der Balz des Großen und des Kleinen Hahns, nicht die goldgrünen, kraftstrotzenden, rucherfüllten Sonnentage des Rehbocksommers, nicht die Reife des Jahres in der Feistzeit des Hirsches beim Aufblühen des dunkelblau leuchtenden Schwalbenwurzenzians und der bergheuduftenden Spanne der Übergangszeit zum Frühherbst, nicht einmal die feuerbunt auflodernde, lautstark dahinpolternde Hirschbrunft.

Nur die bald schneedurchwirbelten, bald nebelgrau verhangenen, dann wieder weißblaugolden verzierten Tage der Gamsbrunft, die von den Stimmen und der Stimmung der Stille erfüllte und verklärte Weitschau des Abschied nehmenden Spätherbstes oder schon andrängenden Frühwinters als Fülle und Vollendung des jägerischen Jahresablaufes galt mir noch mehr, galt mir als Höhepunkt des Jagdjahres.

Jeder erfahrene Hahnenjäger kennt die knisternde Spannung, die ihn erfaßt und beherrscht, wenn er angestrengt in die langsam hereindämmernde Frühe hineinhorcht. Zunächst nur samtschwarzes, schweigendes Dunkel der Nacht. Sterngeflimmer über den Silhouetten der Baumkronen.

Schmatzende Schmelzwässer, pulsender Quellstoß, raunender Frühwind, der hohl heulende Jagdruf des Waldkauzes in der „Unteren Kottersch“, ganz langsam aus den Osttiefen der Tag. Immer noch nichts. Schon begann ich mich damit abzufinden, daß mein Wunschtraum, meine Hoffnungen, einen neuen Balzplatz zu finden, zu bestätigen, sich als Illusion entpuppten.

Da...! Mich riß es hoch, als hätte mich ein elektrischer Stromstoß durchfahren. Ein leise knackender Ton. „So fein, als wenn ein Knospen sprang“. Dann wieder langes Schweigen... Ich hatte mich wohl getäuscht... Die Erwartung hatte mir die Erfüllung vorgegaukelt. Aber... da wieder der hölzern klingende, trockene Laut. Und wieder... und noch einmal und wieder – erst zögernd, dann immer schneller sich wiederholend, eine Perlschnur von Tropfen, dann der überschlagende Triller, der glucksende Hauptschlag, das wetzende und reibende Schleifen. Der Große Hahn! Mein Herz tat einen freudigen Sprung. Aber die G'setzln reihten sich in fast müder, träger Folge aneinander.

Schon entwickelte und entfaltete der Osthimmel sein zauberhaftes Farbenspiel. Schon erhoben sich die ersten, in der vorangegangenen Hauptbalzzeit später und zögernder einsetzenden Begleitstimmen des urogallischen Themas und steigerten sich rasch zum Höhepunkt der Frühlingsmorgensuite, alles Zeichen, daß es mit der Falz des Großen zu Ende ging.

Ich beeilte mich, so schnell es die Umstände erlaubten, in die Nähe der lockenden Laute zu kommen, da blieb ich beinahe im Sprung stehen. Weiter unten balzte ja noch einer. Und etwas weiter westlich gegen den „Erzrücken“ zu ein dritter!

Aber ich horchte nur ganz kurz auf diese beiden. Ich mußte schauen, daß ich zum Balzbaum des erstgehörten und nächsten kam, wollte ihn sehen, beobachten und das schöne Schauspiel genießen. Und mich dabei meiner Entdeckung freuen. Ich kam gerade bei der hohen und starken Fichte an, da ging der Hahn schon zu Boden, entzog sich meinen Blicken und Ohren. Auch die beiden anderen verstummten.

Froh gestimmt stieg ich im aufbrausenden Festival des strahlenden Maimorgens, den Kleinen Hahn vom Vortag am Rucksack, zu Tal.

Und noch ein besonderes, beglückendes jägerisches Gefühl der Genugtuung schwang mit. Mein Instinkt hatte mich nicht getrogen. Ein neuer, bisher nur vermuteter Balzplatz des Großen Hahns war einwandfrei erkundet.

Vielleicht besitzen wir naturnahen, naturverbundenen Jäger noch so etwas wie eine lebendige Beziehung zu unseren gesunden

Ursprüngen, so etwas wie ein Gespür, den inneren Blick einer unfaßbaren Vorschau, die dem naturentfremdeten, enterbten, blinden, tauben Menschen der nivellierten Massen- und Industriegesellschaft verlorenging.

Zu Hause erwartete mich eine neue Freude. Nachdem ich meinen Bericht erstattet hatte, meinte mein großzügiger Vater, ich könnte es ja noch auf einen Großen in der „Oberen Kottersch" versuchen, da dort noch nie ein Hahn erlegt worden war. Ich ließ mir das nicht zweimal sagen. Schon an einem der nächsten wettergünstigen Tage stieg ich wieder zur Stuhlbachhütte auf.

Rechtzeitig stand ich am folgenden Morgen am gleichen Platz in der „Oberen Kottersch". Ebenso spät und zögernd spielte sich einer der bestätigten Hahnen nach endlos langem, immer wieder von bangen Pausen unterbrochenem Introitus zur vollen Strophe seines Balzgesanges ein. Ich kam bei aperem Boden verhältnismäßig rasch an den Balzbaum heran. Noch ein paar Sprünge, dann war es so weit. Aber da geschah es – ich hatte mich zu früh gefreut.

Die „Kottersch" hatte ihre Mucken, gerade für den Hahnenjäger. Unterhalb und seitlich der großen Altholzblöcke dehnten sich die langgestreckten Kotterschwiesen, ein großer Bergwiesenkomplex. Im Westen und Nordwesten schlossen sich die Weiden der „Berghofer Alpe" mit dem jagdgeschichtsträchtigen „Wolfsbichel" an, im übrigen aber umrundete Wald diese unbestockten Gründe. Auf diese sich frisch begrünenden Äsungsflächen, besonders die damals noch genutzten, einmähdigen Kotterschwiesen zog natürlich regelmäßig das durch die nahen Winterfütterungen am „Erzrücken" konzentrierte Hochwild aus den um- und überliegenden Tageseinständen. Am Morgen wechselte es durch das Altholz dorthin zurück. Dabei konnte es einem Hahnenjäger das Konzept gründlich verderben.

Und so ging es auch mir. Schon war ich dem Balzbaum sehr nahe gekommen, da packte mich der Schrecken. Unter mir knisterte, knickte, knackte und brach es laut. Aus dem grabendurchzogenen Nordhang tauchte Rotwild auf, den Dickungen um den „Bläßleskopf" zustrebend. Eins hinter dem anderen, Alttier,

Kalb, noch einmal das gleiche Paar, Schmaltier, geringer Hirsch – ja hörte das denn gar nicht mehr auf –, ein geringer Hirsch, noch ein kahles Haupt, nochmal eine Dreifalt – das schien ja gar kein Ende zu nehmen! Ich hatte ein fatales Gefühl. Wenn das nur gutging! Gleich mußten sie in meinen Wind kommen. Und schon hob das führende Alttier sein ramsnäsiges Haupt, den Windfang. Dann schlug es um. Mit alarmierendem Lärm, laut polternd, durch das Astwerk und Reisig des Bodenbelages prasselnd, krachend, durch Fichtenvorwuchs rumpelnd, flüchtete das Rudel nach Westen, den am „Erzrücken" liegenden Einstandsdickungen zu, alle drei von meinem Standort aus gehörten Hahnen mitnehmend. Und sicher brachten sie noch allfällige weiter entfernt balzende Hahnen zum Verstummen. Nichts rührte sich mehr. Aber ich ließ mich deshalb nicht entmutigen. Ich kehrte zur Stuhlbachhütte zurück, um es noch einmal, notfalls noch mehrmals anzugehen.

Ich hatte zu Hause meine Absichten schon angekündigt. So durfte meine besorgte Mutter ganz beruhigt sein. Ich konnte mir vorstellen, wie sie sonst auf meinen über das Steinpflaster des Vorgartens bergschuhklirrenden Schritt gehorcht oder gar zur Gartentür gegangen wäre, um unter überschattender Hand Ausschau zu halten, ob ich nicht endlich – mit oder ohne Hahn – vom „Steinebichel" herab durchs Oberdorf gestiegen käme.

Ich hatte zu meiner Mutter, einer ebenso gescheiten wie schönen Frau, ein sehr herzliches Verhältnis. Solange ich am Gymnasium in Kempten war, kam ich während der letzten vier, schon von jägerischen Impulsen bewegten und bestimmten Jahre übers Wochenende regelmäßig nach Hause. Der Rückzug am Montag ging schon um fünf Uhr früh in der gut drei Kilometer entfernten Station Blaidach ab. Meine Mutter ließ es sich nicht nehmen, mich jedesmal, bei jedem Wetter und zu jeder Jahreszeit, auch bei tiefem Schnee, bis zu dem etwa auf halber Strecke gelegenen „Krüzle", dem Wegkreuz an der Gabelung des Sträßchens zur Station Blaidach und dem Weiler Häuser, zu begleiten. Was wäre die Welt ohne die Mütter!

Ich hatte vorsorglich Proviant für einige Tage mitgenommen.

Zudem lag immer ein eiserner Vorrat im Wandschrank der Hütte. Ein gutes Buch fehlte nie in meinem Rucksack. Und der Aufenthalt gerade auf der Stuhlbachhütte war mir immer ein Höhepunkt, ein nachhaltiger, bleibender Eindruck meines Lebens.

Als ich am darauffolgenden Morgen unter einem sternblitzenden Spätnachthimmel die grau verwitterte Hüttentür schloß, hatte ich jenes unwägbare, unmeßbare Gefühl eines glückhaft erfolgreichen jägerischen Ausgangs.

Der mählich heraufdämmernde Maimorgen fand mich wieder am gleichen Horchplatz in der „Oberen Kottersch". Und es wiederholte sich die erste Phase des Vortages, das gleiche langsam tröpfelnde Vorspiel der Frühlingsmorgensuite, die im selben Zeittakt folgende volle Strophe des Themas. Dazwischen vernahm ich auch die G'setzel der beiden anderen, in Hörnähe balzenden Hahnen, die ihren Gesang in gleich schleppendem Rhythmus ablaufen ließen.

Das einziehende Rotwild hatte glücklicherweise, vielleicht gewarnt durch das schreckliche gestrige Zusammentreffen, heute einen anderen Wechsel gewählt. Nur langsam kam ich vorwärts. Schon setzte der cantus firmus des Vogelchores ein. Endlich hatte ich den Balzbaum erreicht und den Hahn gesichtet. Er stand auf dem starken, buschigen Seitenast der hohen Fichte. Aber er war, wie dies so oft geht, durch Gezweig und Genadel zum größten Teil verdeckt. Wohl fünfmal umrundete ich unter dem stockenden Geträpfel der Balzarie und deren Serien den Baum, um ein freies Schußfeld zu finden. Schon fing die Hoffnung auf Beute an zu schwinden, da hatte ich endlich den Großen ungeschützt über mir. Aber er verschwieg lange, unendlich lange. Hatte er eine verdächtige Bewegung bemerkt? Ich flehte die mir so wohlgesinnten Jagdpatrone an. Nicht umsonst. Wieder ein tackender Ton, wieder ein knappender Laut, wieder ein Klepf, ein weiterer, nun die ablaufende Strophe.

Ich hatte nach reiflicher Überlegung statt meiner schweren Hahnbockbüchsflinte die hervorragend schießende 16er Hahndoppelflinte Suhler Provenienz meines Vaters mitgenommen. Die

Entfernung war gerecht und voll im Wirkungskreis dieser erprobten Waffe gelegen.

Inzwischen hatte ich mich fertig gemacht. In das nächste Schleifen hinein prallte der Schuß, stieß hallend in den voll erwachten Frühlingstag hinaus und zerriß für einen Augenblick das feine Gespinst der Morgensuite. Erloschen fiel der Hahn prasselnd durch das Geäst der Krone herab. Mit dumpfschwerem Aufschlag landete er, ein Dutzend Mannesschritte von mir entfernt, auf dem moosgepolsterten, weichen Waldboden. Mit ein paar schnellen Sprüngen war ich bei ihm und hob ihn an den Ständern auf. Es war ein starker und – nach den damals bekannten Merkmalen – alter Hahn mit breiten eckigen Schaufelfedern im nachtschwarzen Stoß, mit tiefen Rillen im bleichgelben Schnabel. Kein Wunder! Dort balzten wohl seit eh und je, jedenfalls seit Jahrzehnten, die Großen Hahnen ohne menschliche Nachstellung, bis ein junger, besessener Jäger ihr Geheimnis entschleierte. Ich kann es nicht leugnen, in meine aufwallende Freude mischte sich eine Spur Nachdenklichkeit.

Lange, sehr lange saß ich damals an jenem blaugoldgrün leuchtenden Maimorgen unterm Ausklang der festlichen, durch den melodischen Kuckucksruf verstärkten Morgensuite auf einem alten, vermorschenden Fichtenstock in der „Oberen Kottersch" und betrachtete, angestrahlt vom unmittelbaren Erlebnis, die vor mir liegende gewichtige, edle Beute, bewunderte das bezaubernd schöne, der ernsten, herben Landschaft in seinem harmonischen, gedeckten Farbenspiel angepaßte Federkleid mit dem urtümlich wirkenden, vorgesträubten Kehlbart. Verständlich, daß man den Großen Hahn zum Wild der Hohen Jagd erhoben hat. Ich überlegte nun, wie ich mir das Beutestück sicht- und greifbar erhalten konnte. Genug Jäger verzichten bewußt auf die konservierten Präparate. Sie betrachten sie als verstaubte, vermottete, vergilbte Vogelleichen. So mögen sie sich wohl da und dort, besonders in verräucherten Gesellschaftsräumen präsentieren. Ich selbst sah schon genug Exemplare solch erbarmungswürdiger Tiermumien. Aber es muß nicht so sein! Eine Geschmacksfrage ist es, wie man solche Beutestücke darstellen lassen will. Der balzende Vogel erinnert oft allzusehr an Museum und Naturalienkabinett. Doch halte es jeder, wie er mag! Nach meinem persönlichen Geschmack bietet ein – von einem Könner gefertigtes – Stilleben das eindrucksvollste jägerische Bild. Bekannt ist übrigens das wunderschöne lebensechte Bild, das die künstlerische Hand des österreichischen Malers Franz Wiegele geschaffen hat.

Dazu gehört aber noch weiteres, wenn der ästhetische Anblick gewahrt bleiben soll. Man darf die Pflege nicht versäumen. Je nach Inanspruchnahme des Raumes müssen die „Präparate" mindestens ein- bis zweimal im Jahr mit einem geeigneten, weichen Wattebausch vorsichtig vom unvermeidlich aufgelagerten Staub befreit werden. Außerdem muß direkte, die Farben bleichende Sonnenbestrahlung vermieden werden. Am schlimmsten aber wirkt sich ständiger, vergilbender Tabakrauch aus.

In meinem Arbeitszimmer hängen die Stilleben von einem Großen und einem Kleinen Hahn. Sie sind in Federn und Farbe so frisch, als hätte ich sie eben vom Erlegungsort nach Hause gebracht. Jeder Besucher ist überrascht und entzückt. Der goldene und blutrote Wein aber, der meine Arbeit begleitet und belebt, der schadet ihnen nicht!

Als ich damals nach langer Feierstunde im machtvoll andrängenden Bergfrühling, den Großen Hahn über den Bergstock geschultert, zu Tal stieg, da war mein junges Jägerherz von ungetrübter, damals noch unbedenklicher Freude erfüllt. Sie wirkt auch heute noch fort.

Anton Wimmers Meisterhand hat den beuterischen Schlußpunkt solcher Frühlingsmorgensuite in einem lebensechten Stilleben festgehalten, A. v. Scanzonis Verse haben ihn in Poesie umgesetzt.

„Nun ist sein Spiel und Sagen aus,
Ganz still hängt er bei mir im Haus."

Edmund Müller, geb. 1902 im Forsthaus zu Wegscheidel, Kreis Kempten im Allgäu, wuchs in Burgberg am Fuß des Grünten im oberen Illertal auf, wo bereits sein Großvater Vorstand des Forstamtes Burgberg war.

Nach dem Abitur am Humanistischen Gymnasium in Kempten und dem Studium der Forstwirtschaft an der Universität München war er als Forstassessor bei der Regierungsforstkammer in Augsburg sowie bei den Allgäuer Forstämtern Sonthofen und Immenstadt tätig. Seine weitere Laufbahn führte ihn als Regierungsforstrat nach Kaufbeuren im Allgäu sowie nach Kaltenbach in der Pfalz. Von 1940 bis 1957 war Müller Vorstand des Forstamtes Primasens-Nord, von 1957 bis 1967 des Forstamtes Merzalben im Herzen des Pfälzer Waldes. Neben seiner beruflichen Tätigkeit widmete er sich seit vier Jahrzehnten dem jagdlichen Schrifttum.

Josef Puvak

Nur fünf Sekunden

Ob man die Ansitzjagd liebt, ist wohl eine Sache des Temperaments oder auch der Erfahrung. Die jüngere Generation unserer Gilde geht lieber auf die Treibjagd. Da komme man öfters zum Schuß, sagen sie vorlaut. Sie haben bestimmt recht. Aber geht man zur Jagd, nur um zu böllern?

Ich liebte schon immer den Ansitz am Wechsel. Ob es um einen kapitalen Bock, um Urian, Bassen oder um den erträumten Hauptbären ging, immer kam ich mit neuen Erfahrungen, Eindrücken und unvergeßlichen Erinnerungen nach Hause. Noch Jahre später entsann ich mich der Stunden und Tage, die ich, einsam oder mit Freunden, am Ansitz verbrachte und, oft mit angehaltenem Atem, die Geräusche der Nacht zu deuten versuchte.

Auch den Altweibersommer mit der dunstfreien klaren Luft und der reichen Farbpalette liebe ich. Einmal war es ein Hase, der nichtsahnend an mir vorbeihoppelte. Reineke Fuchs folgte der warmen Spur. Ich spielte Vorsehung. Eine Bewegung mit dem Kopf genügte, und Mümmelmann war gerettet, der Fuchs blieb ohne das saftige, zarte Hasenwildbret.

Ein Windhauch ließ die Birkenblätter über meinem Haupt rascheln. Stechmücken tanzten im scheidenden Sonnenlicht und ließen mich vergessen, daß sie Blutsauger sind.

Die Triller der Amsel erinnerten mich daran, daß ich in einer halben Stunde den Heimweg antreten müßte. Die Schatten der Nacht zogen schon durch den Wald. Ich fühlte bald den kühlen Hauch im Rücken. An den zarten Spitzen der Grashalme glühten noch die letzten Strahlen der am Horizont versinkenden Sonne. Auf meinen Knien lag die Büchse mit dem todbringenden Blei. Nein, ich hatte sie nicht vergessen, nur freute mich heute alles Lebende. Ich senkte das Fernglas, die Geiß mit ihrem Kitz spielte weiter. Der kapitale Bock, keine dreißig Schritt daneben äsend, äugte immer wieder nach den beiden.

Einmal saß ich viele Stunden auf einem Hochstand im Gebirge. Das Frühjahr war kühl und regenreich. Im blauen Schatten der mächtigen Fichten lag noch Schnee. Der Hochsitz war zwischen drei Fichtenstämmen verankert. Wenn der Abendwind stärker blies, knarrten und ächzten die Bretter unter meinen Füßen. Regenschleier zogen gespensterhaft von Osten heran, während die untergehende Sonne im Westen ihre letzten Strahlenbündel zwischen den blaugrauen Wolken über die zackigen Berggipfel warf. Unvergeßliche Augenblicke! Doch schon im nächsten Moment veränderte sich die Szenerie. Feiner, kalter Regen zog unter heftigen Windstößen über die Waldlichtung, der Wind schüttelte den Hochstand, als säßen wir in einem Boot auf stürmischer See. Die Fichtenstämme bogen sich, ächzten wie gequälte Lebewesen unter dem Ansturm. Nur gut, daß ich schon immer flug- und seefest war. Schneeregen folgte, und die Hände wurden mir klamm vor Kälte. Der Kragen des Lodenmantels wurde hochgeschlagen, die Ohrenklappen heruntergezogen. Wird der Hauptbär noch kommen? fragten wir uns. Der Heger Băncilă sagte noch vor zwei Stunden, wir hätten die Decke des Hauptbären schon so gut wie abgeschärft. Meister Braun sei uns zu hundert Prozent sicher.

Das Wetter sei gerade das richtige für die Streifzüge des Bären, dachte ich. Băncilă sagte zwar, der Hauptbär käme auch am hellen Tag zum Luder, aber wer kann schon genau vorhersagen, was ein Raubwild wie der Bär in den nächsten Stunden treiben wird.

So schnell wie der Regen gekommen war, zog er auch wieder ab. Sogar die Sonne ließ sich noch für einen Augenblick am Horizont sehen. Aus den Tälern stiegen Nebelfetzen auf, die der Wind den Bergalmen zuführte. In dieser „Waschküche" konnte man kaum drei Schritte weit sehen. Eine Elster kam kreischend aus dem Fichtendickicht herangeflogen. Der freche Schreihals, der die heilige Stille der Berge störte, riß an meinen Nerven. Warum lärmte sie? Hatte Meister Petz sie gestört? Ich lauschte angestrengt. Nichts regte sich im Fichtenbestand. Die Elster hatte sich auf dem Pfahl niedergelassen, an dem der Pferdekadaver angebunden lag. Sie äugte zum Wald hinüber, dann flatterte sie auf das Luder, wo sie zu picken begann. Wird nicht zum erstenmal ihre Abendmahlzeit da nehmen, dachte ich. Pickt und zerrt zu ungestört. Nein, ich hatte mich geirrt. Die Elster äugte schon wieder zum Waldrand hinüber. Sie hielt inne. Aha, dort bewegte sich etwas. Teufel, wie die Augen brannten! Ein Fuchs schnürte heran. Vorsichtig, wie auf heißen Kohlen, kam er näher. Scheint auch ein alter Kostgänger zu sein, dachte ich. Die Elster hielt sich in sicherer Entfernung vom schlauen Räuber.

Die Schatten der Nacht legten sich über die Berge. Die Elster war weggeflogen. Wir hörten nur noch den Fuchs am Luder zerren.

Ich blickte durch das Zielfernrohr. Mein Freund machte eine fragende Bewegung mit der Hand. Ich verneinte mit dem Kopf. Noch ein paar Minuten haben wir Schußlicht, dachte ich. Käme jetzt doch der Bär! Vergebenes Hoffen, der Hauptbär kam nicht.

Wir saßen noch zwei Abende auf dem luftigen Hochsitz, wurden naß, die Glieder kältesteif, verwünschten den Hauptbären und den Heger Băncilă, obgleich wir wußten, daß er keine Schuld daran trug. Aber wir mußten unserem Unmut Luft machen. Drei Tage und kein einziger Schuß! Natürlich, auf einer Treibjagd kann so etwas nicht vorkommen. Da haben die jungen Weidmänner schon recht. Am dritten Abend kam ein etwa zweijähriger Bär. Er blieb unangetastet. Wir hofften noch immer auf den Hauptbären. Aber der Urlaub ging zu Ende, und wir gingen unverrichteter Dinge nach Hause.

Nach einigen Tagen dann bekam ich einen Anruf von Mihail, ob ich ihn nicht in die Westkarpaten begleiten wolle. Bei Poiana Mărului habe Förster Peter Rieß in seinem Revier zwei starke Bären ausgemacht. Sie kämen jeden Abend auf eine Almwiese um nach Fraß zu suchen. Die Schafherden seien auch noch nicht auf den Almen, so daß oben noch vollkommene Ruhe herrsche.

Als wir am Sonnabend ankamen, erzählte uns Förster Rieß, in den letzten vier Tagen habe er einen starken Bären auf einer Waldlichtung beobachtet. Meister Petz käme schon früh am Nachmittag zu einer Wasserlache, um zu baden. Dann bleibt er dort, wo es saftiges Gras gibt, bis es dunkel wird.

Das war eine gute Nachricht. Nur durften wir keine Zeit verlieren, damit wir uns rechtzeitig anstellen konnten. Es gäbe dort weder einen Hochsitz noch einen Köder, um das Raubwild anzulocken, sagte der Förster noch, bevor wir losgingen.

Ausgezeichnet! dachte ich. Eine Jagd beim Ansitz, am Wechsel, so wie sie Mihail und mir Freude macht. Da hatte auch das Wild eine Chance zu entkommen. Es gehört schon etwas Mut, Erfahrung und Scharfsinn dazu, sich mit einem Hauptbären, der bereits Bekanntschaft mit Jägern gemacht hat, zu messen.

„Gefährlich werden kann er, das stimmt“, sagte Mihail auf meine Bemerkung hin. „Aber ‚fair play‘ ist die Sache noch immer nicht. Weil der Jäger auch so im Vorteil ist. Der einzige Unterschied ist, daß wir den Bären nicht vom sicheren Hochsitz aus schießen, sondern das Raubwild auf der Erde erwarten.“

„Wieso Vorteil“, sagte ich, „dem Bären ungeschützt gegenüberzustehen, ist dem Jäger doch nicht von Nutzen. Oder meinst du, daß der Mensch intelligenter ist, rascher entscheiden und handeln kann.“

„Ich denke an das Überraschungsmoment und an das Jagdgewehr“, meinte Mihail. „An das Stückchen Blei, das mit einer Geschwindigkeit von 800 oder mehr Meter in der Sekunde dem Opfer entgegenfliegt.“

„Dafür hat der Bär eine viel bessere Nase als wir. Von seinem Wahrnehmungsvermögen und den Riesenkräften will ich gar nicht sprechen. Statt deiner Expreßbüchse hat er seine krallenbewehrten Pranken.“ So sprachen wir für und gegen, bis der Berg nach zwei Stunden Aufstieg erreicht war.

Die Sonne hatte kaum den Zenit überschritten, als wir die Stände in Augenschein nahmen. Im weichen Waldboden neben der Quelle sahen wir die Fährten des Bären. Oder waren es zwei? Eine davon schien geringer zu sein. Der schlaue Petz nahm immer denselben Winkel und trat in dieselbe Fährte. Er kam von links unten bis zum Wasser. Die Fichtenbäume am Waldrand waren mit Lehm beschmiert, dort hatte sich der Bär gescheuert. Der hat aber einen ganz dunklen Pelz, dachte ich und nahm ein paar geringelte Haare, die sich in der Baumrinde verfangen hatten. Auf über zwei Meter Höhe sah man an den Malbäumen die Baumrinde abgeschält und tiefe Risse von den Reißzähnen und Krallen.

„Donnerwetter!“ flüsterte Mihail, „dort die starke Fährte, da die Spuren seiner Krallen am Baum; er ist bestimmt über zwei Meter hoch.“

„Ja, ja. Wenn ich nicht irre, hat er im letzten Sommer so manche Färse gerissen. Während des langen und schneereichen Winters haben seine Fettreserven abgenommen. Aber inzwischen ist er wieder zu Kräften gekommen. Sein schwarzbrauner Pelz hat wieder den alten Glanz.“

Förster Peter Rieß liebte die Jagd, doch noch mehr das Wild in seinem Revier. Man sah es ihm an, daß er nicht gern von den blutigen Taten des Bären sprach. Aber die Kreisforstverwaltung drang darauf, daß er erlegt wurde. Der Förster tat, als wisse er von den Räubereien des Bären nichts. Nun wies er uns unsere Stände an. Mihail kam nahe am Wildwechsel zu stehen. Er wählte sich den Stand neben einer starken Fichte, gegenüber dem Tümpel, wo Meister Petz gewöhnlich sein Bad nahm. Hinter Mihails Rücken gähnte ein tiefer Abgrund.

„Wenn der Bär auf seinem Wechsel kommt und etwas nicht klappt, kannst du nach oben oder nach unten ausweichen“, sagte ich leise.

„Laufen hat keinen Sinn! Der Bär ist beim Angreifen immer schneller als du.“

„Mal den Teufel nicht an die Bäume, das hat schon Moş Martin getan“, sagte ich lächelnd und ging mit Förster Rieß zu meinem Stand. Ich kam rechts von Mihail im Fichtenforst zu stehen. Als zweiter Schütze sollte ich dem Bären – wenn nötig – den Fangschuß geben. Förster Rieß stieg den Hang hinab. Er wolle sich an der Flanke einen Stand suchen, sagte er.

Bei der Jagd ist es wie im Leben: Man weiß nie, wie der Hase läuft. Kaum hatten wir unsere Stände besetzt, die Umgebung in Augenschein genommen, uns mit der Richtung, aus der das Raubwild kommen sollte, vertraut gemacht, da ging es auch schon los.

Mihail wollte sich eben auf eine Baumwurzel setzen, als er links oben Holz knacken und brechen hörte. Gespannt blickte er in die Richtung, aus der das Geräusch kam. Donnerwetter! Da trottete der Schlagbär heran. Sein mächtiger, dunkler Körper schob sich durch die Fichtenzweige. Was tun? Die Jagdregel lautet: Nie den Bären ansprechen, wenn er von oben kommt oder über dir steht. Warum kommt er von da, wo ihn niemand erwartet hat? Was tun, soll ich schießen? Der Jagdregel zuwiderhandeln? Macht man jetzt eine Bewegung, kann man ihn noch vergrämen. Zieht er aber weiter, sieht man ihn vielleicht nie wieder.

„Ich habe nie daran gedacht", sagte mir Mihail später, „wie viele Gedanken und Überlegungen in fünf Sekunden durchs Gehirn rasen können. Genau wie bei einem Computer." Er lächelte entspannt. Doch was geschah vor einigen Minuten?

„Drückst du nicht gleich, ist es zu spät, dann ‚umarmt' er dich, auch wenn du ihm die Büchse entgegenstreckst. Aber angenommen, die Kugel trifft nicht tödlich, was dann? Mit ein paar Sätzen ist er bei dir. Hast doch schon Menschen gesehen, die von Bären angefallen wurden. Dabei waren es unschuldige Hirten, die dem Räuber das gestohlene Schaf wieder abjagen wollten. Was wird der Braune tun, wenn er verletzt ist und seinen Feind vor sich hat?"

Mihail verfolgte mit dem Jagdgewehr im Anschlag jede Bewegung des Bären. Nun zielte er. Dabei machte er eine kaum spürbare Wendung und drückte am Abzug. Der Bär hatte die Bewegung bemerkt und hob den Kopf. Jetzt wäre ihm die Kugel in den Hals gedrungen? Aber was war geschehen? Der Abzug bewegte sich nicht.

Der Bär brummte böse und erhob sich, um anzugreifen. Einen Augenblick stand er aufgerichtet mit der Breitseite dem Jäger gegenüber.

Der Donner der Expreßbüchse rollte über die Felshänge, hinunter bis ins Bistratal. Der Bär stürzte nach vorn. Die Kugel erreichte ihn im Sprung. Er brüllte wütend und sackte zusammen. Dann raffte er sich wieder auf. Da traf ihn die zweite Kugel. Mihail war hinter den Baum gesprungen. Der Bär überschlug sich und rollte bis zur Fichte, wo Mihail stand. Hilflos schlug der Recke um sich und krallte sich im Fichtenstamm fest. Ein neuer Feuerstrahl aus nächster Nähe, und das Tier streckte sich aus. Als ich herangelaufen kam, ging noch ein Zittern durch den mächtigen Körper, ein Seufzer, und dann hauchte er seine Räuberseele aus.

War es aber auch der Hauptbär? Wir hatten ihn nicht auf blutiger Tat ertappt. Doch Förster Rieß schwor darauf, daß es der gefürchtete Blutbär gewesen sei.

JOSEF PUVAK, geb. 1913 in Reschitz im Banater Bergland, wo er auch das Gymnasium und die Industrieschule besuchte. Nach Fernstudium an der Universität Bukarest, Fakultät für Hüttenwesen, Arbeit in verschiedenen Stahlwerken. Nach dem Zweiten Weltkrieg war Puvak Direktor der Reschitzer Werke und anschließend Staatssekretär für Metallurgie. Von Mitte der fünfziger Jahre bis 1960 war er Botschafter, anschließend Chefingenieur und Direktor verschiedener Betriebe in Bukarest.

Ottokar J. von Skal

Mein Traumelch

Wir hatten fast Vollmond, klaren Himmel, und die vorhergehende Nacht war ausgesprochen kalt gewesen! Ich mußte bereits gegen 3 Uhr morgens aus dem Schlafsack heraus, um einzuheizen. Das Waschwasser unter dem Vordach des Zelts war fast einen Zentimeter tief gefroren, und nach einem Frühstück, bei dem unsere „Sourdoughs", die „Einheimischen", pro Nase etwas fünf dicke Scheiben Elchleber mit Ahornsirup darauf (!) vertilgt hatten, waren wir wieder einmal zu viert zu dem bekannten Auslugplatz auf dem hohen Rücken gegangen. Die Morgensonne schien warm, weit im Osten sahen wir Kondensstreifen von Patrouille fliegenden Air Force Jets. Wir hatten im Verlauf einiger Stunden wieder an die fünf große Schaufler gesehen, verteilt über das Riesenpanorama, das im Halbkreis vor uns lag. Plötzlich entdeckte ich wieder einen neuen, schräg hinten in unserem Camp-Tal, niedergetan in einer kleinen Waldinsel, die aus Pappeln, Erlen und einigen spitzförmigen Wetterfichten bestand. Es mögen an die drei Meilen bis zu ihm gewesen sein. Wir alle betrachteten ihn, von dem man nur Haupt und Geweih sah, und nach einiger Zeit einsilbiger Betrachtung gab Chuck von sich:

„Unter 100 Schauflern auf Kenai haben keine zehn so auf wie der!"

Auch ich hatte ein besonderes Interesse von Beginn an gehabt – ich weiß nicht, warum. Sehr lange Enden und lange, korbförmige Schaufeln glaubte ich erkannt zu haben, aber einmal war es sehr weit, zum anderen wird mir jeder erfahrene Elchjäger bestätigen, daß es keinen Cerviden gibt, der schwerer anzusprechen ist als ein Elch. Elchgeweihe sehen aus allen Blickwinkeln anders aus, und wenn man wirklich genau wissen will, was man vor sich hat, muß man das Geweih von allen vier Seiten gesehen haben. Nach einer Weile war der Elch nicht mehr da, tauchte aber wieder etwas höher auf, naschte herum und tat sich nieder. Ich hatte einen Blick auf die Auslage tun können und schlug nun Chuck vor, auf unserem Berghang auf gleichbleibender Höhe zurückzugehen, um das Wäldchen wenigstens gegenüber zu haben. Wir würden dann an die zwei Meilen näher sein und besser sehen können. Da Joe auch Lust hatte mit Carl, der immer eine Filmkamera bei sich hatte, höher oben Bären zu fotografieren, so packten wir zusammen und machten uns auf den Weg.

Das Gelände war gänzlich offen. Steingeröll, Moospartien, Zwerg-Ebereschenfelder in allen roten Farbnuancen leuchtend, Zwergbirken und Preiselbeeren. Wir balancierten vorsichtig über ein Lawinenfeld, das einer größeren Ansiedlung von krüppeligen Berghemlocks vor Jahren einmal den Garaus gemacht haben mußte, und waren schließlich so weit, daß die bewußte kleine Waldinsel tief unter uns am Gegenhang lag. Es war Mittag geworden, und unser Elch saß immer noch bewegungslos in seinem Bett – das heißt, doch nicht ganz bewegungslos. Auch im Schlaf muß so ein Schaufler sein Riesengeweih ausbalancieren, es zieht anscheinend dauernd nach der anderen Seite, und automatisch gleicht der massige Träger dieses Geweih aus. Die ganze Krone ist in ständiger, kaum wahrnehmbarer Bewegung. Kein Wunder, wenn man weiß, daß auf jeder Seite oft mehr als fünfzehn Kilogramm gewachsen sind! Es ist ein faszinierender Anblick, das durch ein starkes Glas zu beobachten. Wir wollten nun aber ganz genau wissen, was wir vor uns hatten, bevor wir herangingen, und mußten deshalb wohl oder übel warten, bis er sich wieder in Bewegung setzen würde. Es wurde eine harte Geduldsprobe. Erst gegen 4 Uhr nachmittags hatte der hohe Herr ausgeschlafen und erhob sich träge, tat einige Schritte nach oben und zur Seite, und als ich endlich von hinten einen Blick in die Schaufeln tun konnte, die nun die wahre Breite zeigten, bat ich Chuck, ihn anzugehen; ich hatte genug gesehen.

So schnell es das unglaublich steile Gelände zuließ, strebten wir ins Tal. Wir hatten uns genau gemerkt, wo sich der Schaufler niedergetan hatte: in einer kleinen, von Erlendickicht gebildeten Ecke, direkt vor der letzten, am höchsten stehenden Wetterfichte. Nun sieht so ein Gelände von oben bekanntlich gänzlich anders aus, als wenn man sich hinterher darin bewegen muß. Als wir den Fluß durchwatet hatten und aufwärts stiegen, sah man keine zwanzig Schritt weit. Das Gras war mannshoch, und der Teufel hatte uns auch noch ein Gewirr einer heracleumartigen Pflanze beschert, die manchmal fast drei Meter hoch wird und im Herbst, trocken geworden, fingerdicke Stengel besitzt, die beim Drauftreten einen Knall wie ein 22er Kaliber von sich geben. Und wir mußten hindurch, ob wir wollten oder nicht. Es nahm viel Zeit. Jeder Fußtritt mußte genau gesetzt werden, um diese Stengel zu vermeiden. Der Himmel war plötzlich bewölkt, es kamen Windböen, und eine Art Nebelreißen setzte ein – einerseits bestens für uns, andererseits die große Gefahr des sich drehenden Windes. Da wir genau wußten, was es zu verlieren gab, waren wir übervorsichtig und bewegten uns nun im Zeitlupentempo vorwärts, bis wir etwa 40 Meter vor der besagten Zielfichte standen.

Wo saß er nun? War er noch da? War er mehr rechts? Dort fingen die Erlen an, dicht wie eine Bürste. Ich trat leise hinter Chuck, und im Flüsterton berieten wir; er meinte schließlich, wir müßten uns doch getäuscht haben, er müsse hinter jener Erlenspitze sein. Es war so steil, daß ich, drei Schritte hinter Chuck stehend, dessen Kniekehlen in Augenhöhe hatte, als wir erneut vorwärtsschlichen. Da trat Chuck auf einen versteckten Ast, es knackte, und halbrechts von mir erhob sich über den Gräsern ein wahrer Wald von Enden – keine 30 Schritt entfernt. Wir kleinen Menschen konnten durch den Grasvorhang nur hindurchschauen – er, mit seinen fast drei Metern Lichterhöhe, sah darüber hinweg. Ich ging langsam auf die Knie, und der Riese neben uns tat langsam und bedächtig einen schweren, vorsichtigen Schritt nach dem anderen bergauf – suchend, was ihn aufgeschreckt hatte; das konnte ich durch die Gräser schemenhaft erkennen.

Mit Chuck, der seinen Kopf ganz vorsichtig zu mir herunter gedreht hatte, verständigte ich mich durch einen Blick, legte den Sicherungsflügel der 8 mal 60 Magnum herum und erhob mich dann millimeterweise. Durch eine schmale Grasschneise würde ich schießen können, wenn er noch weiterzöge. Er tat mir den Gefallen. Nach Sekunden – oder waren es Minuten, das weiß ich nicht mehr – schob sich der riesige Wildkörper in die Lücke und ich berührte den Stecher. So nahe war es und die Luft derart mit

Feuchtigkeit gesättigt, daß ich ganz deutlich eine Dampfwolke aus der Einschußstelle herausschlagen sah. Ein bißchen hoch war ich abgekommen, was wohl an der Angst lag, in die Gräser zu halten oder daran, daß die Büchse auf 250 Meter eingeschossen ist. Der Schaufler machte – wie das bei Elchen eigentlich die Regel ist – keinerlei Schußzeichen, drehte sich nur langsam um, „schritt" – ich kann es anders nicht bezeichnen – wieder hinunter bis zu seinem Bett und tat sich nieder! Ich hatte repetiert und wartete mit fertiger Büchse. Auskommen konnte er nun nicht mehr. Hinter ihm stand die Erlendickung wie eine Mauer. Nach einigen Minuten atemloser Spannung erhob er sich wieder und ich, da ich nun keine Rücksicht mehr zu nehmen brauchte, trat zur Seite, bis ich ihn freibekam, schoß noch einmal, und nach dieser zweiten Kugel krachte er wie ein Urwaldbaum zusammen.

Wir traten nicht gleich an ihn heran – die Aufregung war zu groß gewesen –, wir hatten ja nun Zeit! Erst eine sehr verdiente Beruhigungszigarette angezündet, und nach einigen tiefen Zügen gingen wir zu ihm hin. Als wir diese riesige Krone vor uns sahen, eine Schaufel im hohen Gras vergraben, da erst wußte ich endlich, daß ich mich nicht geirrt hatte, daß der Jugendtraum in Erfüllung gegangen war. Wir legten Büchsen und Traggestelle ab und hieben einen Erlenstamm kurz, setzten ihn unter die Schaufel und zelebrierten dann eine lange, fast wortlose Ehrenwacht für den König der nordischen Wälder. Es rieselte vom dunkler werdenden Himmel; auch war es nicht mehr lang bis zur Dämmerung, und so mußten wir uns losreißen und die rote Arbeit tun. Natürlich entstanden viele Bilder, die dank dem schnellen Anscochrom noch ganz gut geworden sind.

Und dann kam das schwerste Stück Arbeit, den Riesen, den Chuck auf sicher 600 Kilogramm schätzte, so zu wenden, daß wir ihn aufbrechen konnten. Chuck hatte Bärenkräfte, und auch ich bin nicht schwächlich, aber es gelang uns trotz äußerster Anstrengung nicht, ihn so zu drehen, wie es hätte sein müssen. So gut es ging, taten wir das Nötigste und setzten mit der kleinen Axt geschlagene Erlenprügel zwischen die Rippen, um wenigstens gutes Auskühlen zu erreichen. Zwei Rippen wiesen alte, verknorpelte

Brüche auf – Spuren bestandener Kämpfe – und gaben uns eine Erklärung für so viele gefundene, gebleichte Schauflerköpfe mit Geweih daran, immer von alten, reifen Elchen stammend: Die Schaufeln waren zwar meist von Mäusen und Stachelschweinen sehr heruntergenagt, aber an der Stärke der Tragstangen und der Kürze der Stirnzapfen konnte man das Alter deutlich ablesen.

Erst bei völliger Dunkelheit erreichten wir das Camp, und nun mußte ausgiebig berichtet werden. Ich glaube, eine ganze Flasche „Canadian Club" ging an diesem Abend auf. Die Benzin-Gaslampe zischte, der Herd verbreitete wohlige Wärme, und wir alle saßen, da die Kisten um den Tisch für eine längere Sitzung denn doch zu hart waren, rundherum auf den Bettgestellen und erzählten und hörten passende Geschichten von Bären und vom Goldgraben, von Eskimos und Huskyschlitten – von Karpatenhirschen und unvergeßlichen Niederjagdtagen im verlorenen Paradies des europäischen Ostens. Leider ist der zugemessene Raum zu kurz, um manches Erzählenswerte davon wiederzugeben – vielleicht bei anderer Gelegenheit!

Am nächsten Morgen setzte sich die Pferdekarawane wieder mit allen Männern in Bewegung. Es regnete, niedrige Wolken verhüllten die Berge um uns, und als wir bei „ihm" ankamen, fanden wir viele frische Bärenspuren in der aufgeweichten, dunklen Erde. Angeschnitten war aber nichts. Eine mitgebrachte große Nylonplane wurde über dem Elch als Regenschutz auf Erlenstangen angebracht und das Haupt abgeschlagen, das Wildbret zerlegt. Mir war wohl der qualmende Rauch von schwelendem Espen- und Pappelholz auf den Magen geschlagen, deshalb zog ich mich gegen Mittag nach Hause zurück und wartete mit fertiger Kamera auf den ersehnten Augenblick, wenn das riesige Geweih auf einem Pferderücken schwankend über unseren Bach kommen würde. Es wurde aber dunkel, bis die Kolonne endlich kam. Der Grund war schnell erzählt! Ich war noch nicht lange fort gewesen, da war ein Bär auf etwa 60 Schritt aufgetaucht und hatte den Platz umkreist. Da er gar nicht wieder verschwinden wollte, hatte ihn Joe mit einem guten Schuß erlegt, und das war der Grund der Verspätung. Wieder ein Anlaß zum Feiern seines ebenfalls ersten

Bären, vermutlich der, der nachts am Elch gewesen war und nicht ahnte, was ihm vom unbekannten Menschen blühte!

Der nächste Tag ging mit Abkochen und Säubern drauf – ich konnte mich nicht sattsehen an dieser Trophäe, wie sie da im Topf befestigt stand, so muß ein guter Schaufler aussehen; und so hatte ich mir das Ende dieser Jagdreise innerlich gewünscht! – Hinter einer der turmhohen Pappeln hinter unserem Zelt versteckte ich meinen aus einer dünnen, gerade Espe geschnittenen Berg- und Zielstock und bat beide Guides, ein Auge darauf zu haben. Die Stelle und der Stock sollten meine Alaska-Ersatz-Fontana di Trevi à la Rom sein, in welche man mit abgewandtem Gesicht seine Münze über die Schulter wirft; das soll einen früher oder später zurückbringen.

OTTOKAR J. VON SKAL, geb. 1905 in Triebach, Böhmen. Im Jahre 1923 absolvierte er das Gymnasium in Kalksburg bei Wien. Die Familie seiner Mutter besaß einen der größten Montan-Konzerne Deutschlands, die Schaffgotsch-Werke in Gleiwitz. Die Familie legte Skal nahe, einen Beruf in „festen Brennstoffen" zu ergreifen, da die Hauptprodukte des Familienkonzerns Kohle und Koks waren. Diesen Weg beschritt dann auch der Autor, bis das Kriegsende den Verlust der eigenen Existenz und des Familienbesitzes mit sich brachte. Nach einigen Jahren Daseins als Flüchtling baute er für einen der bekannten Ruhr-Konzerne eine eigene Verkaufsorganisation auf.

Im Jahre 1960 kaufte Skal einen kleinen Waldbesitz auf der damals noch als Elchparadies berühmten Kenai-Halbinsel in Alaska, wo er zusammen mit seiner Frau ein Jagdberaterbüro aufbaute, das er bis zu seinem Tod (1978) führte.

Rudolf Schwarz

Wintergams

Zu Tode erschrocken fahre ich aus dem Bett hoch! Das Herz klopft mir bis zum Hals! Wo bin ich? Was ist geschehen? Um Gottes willen, was ist bloß geschehen! Nein, es ist nichts geschehen! Mein Wecker ist abgegangen! Dieser Wecker mit seinem mörderischen Gerassel wird mich eines Tages töten. Aber er ist auch das einzige Mittel, mich aus meinem totenähnlichen Schlaf um vier Uhr früh hellwach zu kriegen. Die ganze Nacht hat offensichtlich der Schneesturm um die Hütte geheult, denn gestern war es das letzte, das ich vor dem Einschlafen hörte, und jetzt tobt er noch mit ungebrochener Kraft gegen die Fensterläden. Bitterkalt ist es herinnen. Ich setze mich auf, zünde eine Kerze an und den Gaskocher, auf dem schon die Kaffeemaschine steht. Die Decke um die Schultern gehüllt, sitze ich auf der Bettkante und döse ein wenig nach. Alle Gelenke tun mir weh, denn gestern abend habe ich mich in dreistündiger Schwerarbeit durch meist bauchtiefen Neuschnee vom Tal herauf bis zu meiner Hütte in tausendfünfhundert Meter Seehöhe durchgearbeitet. Jetzt noch und bei diesem Wetter einen Gams erlegen zu wollen, grenzt an Selbstmord. Und es gehört schon eine verdammte Überwindung dazu, das warme Bett zu verlassen und da jetzt hinauszugehen. Ich weiß, was mir bevorsteht! Ein bis zwei Stunden lang werde ich mich stetig leicht bergan in anderthalb Meter tiefem Schnee bis zum Berg hindurchwühlen, dann mich steil bergauf durchkämpfen durch den brusthohen Pulverschnee, immer wieder zurückrutschend, um endlich weit ober der Baumgrenze ans Weidwerk denken zu können. Und wenn der Nebel nicht auflichtet, ist alles vergebens. Ein harter Tag wird das! Ich esse schnell ein kleines Stück Brot, trink den Kaffee und mach mich fertig. Durch einen merkwürdigen Luftwirbel ist meine Hüttentür nie verweht, und so trete ich ungehindert hinaus in die stockdunkle grimmige Sturmnacht. Neben der Hütte ist es noch einigermaßen friedlich, aber ein paar Schritte weiter peitscht mir der Sturm schmerzhaft den harten Schnee ins Gesicht. Dann stolpere ich in eine zwei Meter hohe Schneewächte, kämpfe mich wieder heraus, stolpere wieder. Ärmel und Kragen sind schon voll Schnee, fünf Meter habe ich nun geschafft von etwa vier Kilometern, die ich für den Hinweg vor mir habe! Wenn das so weitergeht! Aber dann packe ich es entschlossen an, und nach einer Viertelstunde werden die Gelenke warm, der Schritt breiter und sicherer. Ich habe dem Sturm, dem Schnee und der Nacht den Kampf angesagt. Und ich will ihn gewinnen! Das Gesicht tief in den Mantelkragen geduckt, mache ich Schritt für Schritt vorwärts, von einer rätselhaften Kraft getrieben, die mich nicht nachdenken läßt, die jeden vernünftigen Gedanken im Keime erstickt. Ich will kämpfen, ich muß hinauf auf den Berg. Immer härter rast das Unwetter gegen mich an, ich betrachte den Sturm als meinen persönlichen Feind, den Schnee hasse ich, ich trete ihn mit Füßen, verbissen mache ich mich blind für mein sinnloses Beginnen und arbeite mich langsam und sicher vorwärts. Es ist das Leben selbst, das ich bekämpfe, alle Unbill steht gegen mich auf, und wenn ich heute hier bestehen kann, bin ich stark genug gegen alle Feinde. Ich will siegen, ich muß siegen. Der Geist hat sich vom Körper getrennt, ist herausgeschlüpft aus der keuchenden, stampfenden Maschine, lacht höhnisch über die Krämpfe in den heißen Muskeln und peitscht den willenlosen Kadaver mit harten Befehlen vorwärts. Kein einziges Mal raste ich in den ersten zwei Stunden, und erst als ich am Steilhang bin, wie ich schon im fahlen Schneelicht voraus durch die letzten zerfetzten Fichten hinaus im dichten Nebel die Felsen erahnen kann, gönne ich mir eine kleine Atempause. Ich spüre keine Müdigkeit, der Körper gehorcht wie in Hypnose. Jetzt aber beginnt der beinharte Kampf um die Höhe. Zwischen den letzten Bäumen war es noch etwas ruhiger, jetzt aber faucht mir der Sturm mit brüllender Wut seinen eisigen Atem ins Gesicht. Die Augen tränen, die Lider frieren sofort zusammen, und ich muß die Hand darauf halten, um sie wieder aufzutauen. An den Wangen bilden sich Schneewächten, und ich muß meine wollene Schneehaube ganz über das Gesicht ziehen. Nur durch einen schmalen Schlitz kann ich knapp vor mir undeutlich erkennen, wohin ich trete. Nun fordert jeder Schritt größte Anstrengung, und ich mache mir zur Regel, nach dreißig Schritten, die mich kaum zehn Meter vorwärtsbringen, zu rasten. Bald aber muß ich auf zwanzig Schritte und dann auf zehn reduzieren. Oft steh ich vor einem Schneewall, der höher ist als ich selber, und weiß nicht, wohin ich meinen Fuß setzen soll. Nach einer weiteren Stunde schaffe ich nur einen oder zwei Schritte zwischen den Pausen. Bleischwer sind die Füße, die Lungen stechen. Nebel und Sturm machen das Atmen schwer, die Sicht ist kaum fünf Meter weit möglich. Ich hab nicht die geringste Aussicht, einen Gams zu sehen, aber alle Vernunft ist von mir gewichen. So erreiche ich endlich weit oben einen Felsenkamm, ducke mich zusammengekauert in den Windschatten und fühle mich tatsächlich warm und geborgen, während der Schneesturm über mich hinwegorgelt. Zielfernrohrmontage und Büchsenverschluß sind total vereist, das Zielfernrohr selbst hab ich warm und geschützt in der Brusttasche. Dicht an den Fels geschmiegt, verharre ich regungslos und warte und hoffe, daß der Sturm nachläßt und der Nebel steigt. Es vergeht eine Stunde, eine zweite. Allmählich kriecht die Kälte in meine Glieder. Der in den Kragen, die Ärmel und die Schuhe eingedrungene Schnee schmilzt, und die Nässe läßt mich den Frost fühlen. Ich muß was unternehmen. Nun, da ich den Berg geschafft habe, den Sturm und den Schnee bezwungen, soll ich absteigen! Der Entschluß fällt mir verdammt schwer. Aber es bleibt mir keine Wahl. Bergab laß ich mich einfach auf dem Rücken liegend, die Büchse vor der Brust, im Pulverschnee abwärtsgleiten, nur ab und zu die Beine gebrauchend. In einer Viertelstunde bin ich unten an der Baumgrenze und finde zwischen den zerzausten Krüppelfichten bald einen geschützten Platz, wo ich mich auf den Rucksack setze und an einen Baumstamm lehne. Ein bißchen schließe ich die Augen. Wie schön das ist, wie friedlich! Ein zartes Kribbeln in den Gliedern lullt mich ein. Wie schön, jetzt einzuschlafen, nie mehr zu erwachen! Kein Kampf mehr, keine Probleme, keine Enttäuschungen und Qualen! Nur Ruhe, Stille, Frieden! Der Körper ist erschöpft, der Geist resigniert. Halb im Traum schon, bald schon jenseits der dunklen Grenze empfinde ich auf den Lidern einen hellen Schein. Zaghaft öffne ich die Augen. Es ist unfaßbar! Es ist hell! Ich kann dreißig, nein fünfzig, hundert Meter weit sehen! Der Schneefall hat aufgehört. Ich erhebe mich und starre ungläubig in den Himmel. Da oben rasen noch die Nebelfetzen, aber hier unten ist es hell und friedlich. Alle schwarzen Gedanken sind vergessen, alle Schwachheit ist dahin. Auf! Vorwärts! Mit neuem Mut gehe ich den Berg an. Die breite Rinne, die ich bergab im Schnee gemacht habe, ist zwar fast ganz zugeweht, aber leichter als beim erstenmal komme ich voran, gewinne rasch an Höhe und erreiche bald wieder jenen Felsen, der mir vorhin Schutz gewährte. Nun aber kehrt das Unwetter mit erneuter Gewalt zurück, wieder muß ich mich wie ein verfolgtes Tier an den Felsen pressen, und bald bin ich vollkommen vom Schnee verweht. So verharre ich wieder eine volle Stunde, dann kommt der Wind auf einmal nur mehr stoßweise und böig, ein Zeichen, daß seine Kraft bald gebrochen ist. Dann ist es plötzlich still. Staunend richte ich mich auf. Ist es möglich? Ist der Kampf wirklich vorbei? Nebelfetzen hüllen noch den Gipfel ein, ein paar Schneeflocken tanzen im leichten Luftzug, aber die Sicht wird von Minute zu Minute besser. Leise reinige ich meine Büchse von Schnee und Eis, stecke das Zielfernrohr auf. Nun kann ich quer über die Mulde hinweg bis hin zum nächsten Grat sehen. Wild ist keines da, bei dem Unwetter wird wohl alles hinuntergewechselt sein in den Baumbestand. Etwa zehn Minuten mögen vergangen sein, da glaube ich ganz nahe den Schnee knirschen zu hören. Angestrengt lausche ich. Nichts! Doch, da, ganz nahe wieder! Ich schiebe mich auf den Felsbrocken hinauf. Von hier kann ich weiter sehen. Nichts! Doch! Da! Wieder das Geräusch, gerade vor mir, ganz nahe. Vorsichtig rutsche ich nach vorne. Und wie ich an dem etwa fünf Meter hohen Felsblock senkrecht hinunter sehe, steht unten dicht am Felsen zum Greifen nahe ein kohlschwarzer zottiger Gamsbock. Im selben Augenblick äugt er herauf und setzt ohne auch nur eine Sekunde zu zögern mit gewaltigen Fluchten schräg bergab davon. Ein guter Bock ist es, das sehe ich gerade noch, ehe ihn der nächste Felsgrat deckt. Die letzten Fluchten waren schon etwas gemächlicher, und so komme ich nach Prüfung des Windes zur Ansicht, daß er mich nicht als Mensch erkannt haben kann. Eine Wandlung geht in meinem Innern mit mir vor! Den Bock muß ich haben. Mir knurrt auf einmal der Magen! Keine Spur mehr von dem edlen, großen Weidmann! Der Urmensch bin ich, der nach schweren Strapazen halbverhungert endlich vor dem Wild steht, dessen Fleisch ihn retten wird. Plötzlich habe ich einen schrecklichen Appetit auf das Wildbret, das Wasser läuft mir im Munde zusammen, wenn ich an die warme, dampfende Leber denke. Nur siegen wollte ich über Sturm, Schnee und Fels, nur mich bewähren. Jetzt aber will ich die Beute. Ich laß mich zurückgleiten, lautlos krieche ich auf allen vieren etwa dreihundert Meter steil hinauf, schlag einen Bogen, erreiche von oben her den schroff abwärtsführenden Grat, unter dem ich den Gams vermute, und steig hinunter. Mit bloßen Händen kralle ich mich in den beinharten, steil abfallenden Harsch, zerbrech mir an eisigen Felsen die Fingernägel. Fünfzehn Meter etwa trennten mich noch von der Stelle, von der ich vorne senkrecht hinunterschauen kann, da passiert mir das, was ich die ganze Zeit ängstlich zu vermeiden versuchte: ein Schneebrocken löst sich von einer Wächte, rollt rasch abwärts, springt über die Kante und verschwindet in der Tiefe. Blitzschnell habe ich die Büchse in der Hand, den Mündungsschoner und die Schutzkappe vom Zielfernrohr heruntergerissen, da prescht der Gamsbock unter dem Felsen heraus, pflügt kraftvoll mit seiner breiten Brust den mannshohen Pulverschnee und versucht in Zickzackfluchten steil nach unten zu entkommen. Wie die Bugwelle vor einem Motorboot, so wallt der Schnee zu seinen beiden Seiten hoch. Nach zwei, drei Fluchten aber faßt das Fadenkreuz hinten den Trägeransatz, und der dröhnende Schuß wirft den pechschwarzen Teufel zu Boden. Über ihm fällt der Pulverschnee zusammen und deckt ihn zu. Alles ist still, keine Bewegung zeigt mir die Stelle an, wo er liegt. Nun spür ich meine Nerven, meine Beine zittern, meine Finger kribbeln. Langsam lasse ich mich in den Schnee sinken. In der Hand spür ich eine leere Patronenhülse. Wann hab ich entsichert, wann gestochen? Wann hab ich repetiert? Ich weiß es nicht. Es ging alles von selber. Eine bleierne Müdigkeit überfällt mich. Nein, nicht jetzt, unten beim Gams werde ich ein wenig rasten. Erst will ich die Krucken anfassen, erst meine Beute betrachten. Vorsichtig steige ich ab, fühle nach einigem Suchen tief im Schnee den Wildkörper, fasse die Hakeln und zieh ihn heraus. Herrgott, was für herrliche Krucken! Starke Schläuche, gut gehakelt und dick verpecht. Was für ein kraftvoller Recke! Schnell ist die rote Arbeit getan. Nun kann ich mir wohl ein Viertelstündchen Ruhe gönnen. Ich setz mich zu ihm, seh seine gebrochenen Lichter, streichle den starken Träger. Mein Bruder ist er jetzt! Was für zwiespältige Gefühle! Nein, leid tut er mir nicht! Was wußte er vom Leben!? Mit Gleichmut nahm er alles hin. Der Sturm, der mir fast den Mut gebrochen hätte, war sein Verbündeter, denn er hat ihm hoch oben den Schnee von der Äsung gejagt, und wenn er sich zum Nachdrücken niedertat, war der Schnee für ihn ein weiches Lager und sicherer Schutz gegen alle Feinde. Jetzt, einen Monat nach der Brunft und nach zwei Monaten tiefen Winters hatte er schon wieder oder noch immer genug Weißes in der Bauchhöhle, um auch lange, härtere Notzeiten zu überstehen. Nein, ich bedaure ihn nicht, ich beneide ihn! Voll Kraft und Entschlossenheit wollte er einer drohenden Gefahr entkommen, als mit dumpfem Schlag die Welt für ihn erlosch. Eine tiefe Ruhe kommt über mich, ich fühle mich eins mit der Natur, ich bin zurückgekehrt nach langer Irrfahrt, ich fühle, wie ein Jäger der Vorzeit gefühlt haben mag nach erfolgreicher Jagd, wenn er den unbekannten rätselhaften dunklen Kräften sein Opfer bringen wollte, um ihnen seinen Dank zu sagen. Nach und nach kehren meine Gedanken in die Wirklichkeit zurück. Allmählich schwindet die tiefe glückliche Erregung und läßt wieder Raum für die notwendigen Entscheidungen. Den Aufbruch hänge ich an eine Staude für die Raben, dann beginne ich den gefährlichen, kräfteraubenden Abstieg, der meine ganze Konzentration erfordert. Ich versuche aus der tiefverwehten Rinne herauszukommen, aber ich schaffe es einfach nicht. Mehr fallend als gehend stolpere ich bergab, den Gams hinter mir herziehend, und versuche, wenn ich machtlos in der Fall-Linie abwärtsrutsche, zu vermeiden, daß mir der Gams, der sich fortwährend dreht, mit den scharfen Hakeln die Hand aufreißt. Endlich bin ich nach mühevoller Arbeit aus dem Ärgsten heraus und ungefähr auf gleicher Seehöhe mit meiner Hütte. Jetzt muß der Gams in den Rucksack, denn ist er bergab schon keinen Zentimeter von selbst weitergerutscht, so klebt er jetzt förmlich im tiefen Schnee. Schritt für Schritt bewege ich mich im Schneckentempo vorwärts. Durch das erhöhte Gewicht breche ich jedesmal durch den unter dem neuen Pulverschnee liegenden Harsch durch und stecke oft bis zum Hals in der weißen Pracht. Ein Martyrium, gegen das der Aufstieg ein Kinderspiel war, beginnt. Oft glaube ich, jetzt trägt mich der Schnee und will mich hochstemmen, doch ratsch, bricht er wieder durch. Diese Gangart raubt mir die letzten Kräfte, und nach fünfhundert Metern muß ich in die Knie. Ich lehne mich einfach zur Seite an den Schnee und atme keuchend mit offenem Mund die eisige Luft. Fünf Minuten gebe ich mir, dann gehe ich es erneut an. Eine Stunde etwa muß ich noch durchhalten. Ich zwinge meine Gedanken in eine andere Richtung. Einen Glühwein werde ich mir kochen in der Hütte, oder nein, eine heiße Suppe, oder vielleicht nur ein Bier trinken, und schlafen werde ich den restlichen Tag und die Nacht. Die Leber könnte ich mir rösten oder das Herz braten, und... ratsch... ratsch... ratsch... setz ich halb gelähmt einen Fuß vor den anderen, ich spür die Glieder nicht mehr, die Wärme des Gamsbockes dringt mir angenehm durch den Rucksack, die Büchse quer vor der Brust dient mir als Armstütze. Es ist später Nachmittag, als ich endlich das tiefverschneite Dach meiner Hütte sehe. Ich laß mich bei diesem Anblick, der mich ganz schwach macht, einfach in den Schnee fallen, leg den Kopf auf den aus dem Rucksack ragenden Gams und betrachte andächtig meine Behausung. Ich bin erlöst, es ist geschafft! Lange liege ich so und raste, ehe ich genug Kraft gesammelt habe für die letzten hundert Schritte. Dann bin ich vor der Hütte. Ganz langsam bewege ich mich, hänge den Gams mit den Krucken an einen Lärchenast, klopf mir den Schnee ab und trete ein. Hunger habe ich jetzt keinen mehr, nur einen gewaltigen Durst. Ich setz mich aufs Bett und öffne eine Flasche Bier. Zwei Drittel trinke ich mit einem Zug und nach einmal Luft holen den Rest. Ehe ich was koche, will ich mich nur noch ein wenig ausruhen. Ich ziehe mich aus und leg mich auf das Bett. Das Blut rauscht in den Ohren, pocht in den Schläfen, die Augen fallen mir zu. Morgen, morgen werde ich hinuntersteigen ins Tal. Ein ganz leichter Weg wird das sein…, ein ganz leichter W…, ein leich…, ein lee…!

Rudolf Schwarz, geb. 1925 in einem kleinen oststeirischen Dorf, wo sein Vater Oberlehrer und Pächter der Gemeindejagd war. Nach der Pflichtschule kam Schwarz zu Studienzwecken nach Graz, und als er aus der Kriegsgefangenschaft 1946 nach Hause entlassen wurde, zwangen ihn wirtschaftliche Umstände, einen technischen Beruf zu ergreifen. Durch das Abendstudium schuf er sich die nötigen Voraussetzungen für seine spätere Führungsposition in einem technischen Betrieb. Daneben nützte er aber jede Gelegenheit zur Jagd auf alle österreichischen Wildarten.

Hans Joachim Graf von Schwerin

Jagdneid

Mißgunst und Jagdneid sind ein ungutes Geschwisterpaar. Vor allem der Mann im grünen und im grauen Rock sollte sich dieses Gespann recht weit vom Leibe halten. Nicht selten erleben wir es, daß einem Hubertusjäger völlig die bewußte Petersilie verhagelt und er zum unausstehlichen Griesgram wird, wenn einem anderen – nur ausgerechnet nicht ihm selbst! – Waidmannsheil zuteil wurde.

Ich habe solche – im Grunde genommen bedauernswerten – Zeitgenossen ab und an mal kennengelernt. Sie konnten sich einfach nicht mit anderen freuen. Obwohl doch, und darin liegt gewiß ein Körnchen Wahrheit, geteilte Freude doppelte Freude ist. Genauso wie sich Kummer und Leid wohl auch leichter verkraften lassen, wenn andere mitfühlend daran tragen helfen…

Solch ein miesepetriger Geselle war A., von dem wir gleich hören werden.

Es war im ersten Augustdrittel und die Blattzeit voll im Gang. Allenthalben sah man die roten Hochzeiter.

Die starken alten Hirsche hatten gefegt und standen in der Feiste. Wo die Hirsche noch ein Bastgeweih trugen, waren es meist jüngere Semester; sie waren natürlich tabu.

Die Aussichten, auf einen Geweihten oder auf einen Rehbock zu Schuß zu kommen, waren also gerade jetzt nicht schlecht. Das nicht eben große Revier wies immerhin einige ruhige Einstände auf, in denen sich das Wild wohl fühlte.

Also verabredeten wir uns zu einem zweitägigen Jagdausflug dorthin.

Wir waren zu viert: der Jagdherr F. – im schönen Hessenland, an das ich so oft heute voller Wehmut denken muß, nennt man den Revierinhaber „Beständer" –; der bewußte, eben erwähnte A.; Z., der als gedienter Kavallerist den mit zwei feurigen Hannoveranern bespannten vierrädrigen Jagdwagen geschickt zu lenken verstand, und schließlich ich und mit mir die wilde „Hexe", meine kleine schwarzrote Deutsche Jagdterrierhündin. Sie hatte es sich auf meinem Schoß bequem gemacht.

Es war ein wunderschöner Hochsommertag mit blankem Sonnenschein. Unsere beiden Füchse griffen gehörig aus, so daß Z. seine Not hatte, sie und ihren Tatendrang zu zügeln.

Doch A. hatte wohl wieder mal „Hummeln in der Hose“, und ihm mochten die zwei PS nicht schnell genug sein. Unruhig rutschte er auf seinem Sitz neben mir hin und her.

Nun hatte ich gerade ein paar Abende zuvor in einem anderen Revier einen Überläuferkeiler auf dem Ansitz geschossen, und A. löcherte mich – wohl um damit seine Ungeduld zu verbergen – wieder und immer wieder mit der Frage, wie weit wohl der Wutz von mir ab gewesen sei, als er meine Kugel bekam: ob näher als dieser oder weiter als jener Busch irgendwo in der Feldmark.

Bereitwillig, was blieb mir denn auch schon anderes übrig, stand ich dem nervösen Zinshahn Rede und Antwort.

Na, alles geht einmal vorüber, so auch diese A. offensichtlich schier endlos dünkende Fahrt. Und dann waren wir im Revier, in H'feld.

Unterwegs hatte F., der Beständer, sich wohl seinen Schlachtplan zurechtgelegt und ließ A. und mich wissen, wo wir ansitzen sollten.

Für sich hatte er einen geschlossenen Hochsitz ausgewählt, auf dem er die Nacht zu verbringen gedachte und auf einen Bock oder gar auf einen Hirsch zu Schuß zu kommen hoffte.

A. sollte an einer anderen, nicht weniger erfolgversprechenden Stelle im Kiefernaltholz, unweit der Feldkante, und ich wieder an einem dritten Platz, nahe einem Kleestück, sitzen. Wenigstens einer von uns dreien würde wohl zu Schuß kommen.

Aber das schien A. nicht recht zu „schmecken“, und so rückte er nach einigem Drucksen mit dem Vorschlag heraus, ob wir – er und ich – nicht doch lieber tauschen möchten.

Na, von mir aus ja, und da A. auch der ältere von uns beiden war, willigte ich ein. Wobei ich mich freilich von vornherein nicht des Eindrucks erwehren konnte, als käme dieser Vorschlag nicht so ganz von ungefähr; wahrscheinlich versprach sich A. von diesem Platzwechsel für sich bessere Aussichten. Nun, mochte er! –

Um die vierte Nachmittagsstunde entließ mich Z. an meinem von A. ausgehandelten Platz aus seinem Gefährt.

Backofenhitze waberte zwischen den hochstämmigen, in lichtem Bestand stehenden Kiefern. Köstlicher Duft entströmte ihnen, Balsam für Herz und Lunge.

Hinter meinem Rücken, knappe zwei Büchsenschußentfernungen ab, begann sich das Feld mit seinen Kartoffel- und goldgelben Haferschlägen zu dehnen; dazwischen waren Seradella- und Luzernestücke eingestreut – köstlicher Schmaus für jeden Wildlecker.

Vor mir lag ein schmaler, weit mehr als hüfthoher Fichtenjungwuchsstreifen und dahinter eine bürstendichte Dickung, in der – die vielen Schäl- und Schlagstellen verrieten es deutlich – sich vor allem das Rotwild gern einstellte.

Wenn das Wild die Dickung verließ, würde es sicher nicht lange in den Vorhölzern herumstehen, sondern rasch zu Felde halten. Da hieß es dann also gegebenenfalls rasch zu handeln.

Doch noch hatte ich ja viel Zeit. So entledigte ich mich meiner dünnen Jagdjoppe und meiner leichten, gummibesohlten Leinenschuhe, lehnte die gesicherte 8x60-Repetierbüchse griffbereit an eine Kiefer und tat mich zu einem verspäteten Nachmittagsnickerchen auf dem Waldboden nieder.

Unbesorgt konnte ich dabei der Ruhe pflegen, denn neben mir saß ja die wilde „Hexe“! Hellwach wie immer, würde sie mit Augen, Ohren und ihrer feinen Nase die Umgebung mustern und mich sogleich aufmerksam machen, sobald sich etwas täte.

Was denn auch prompt eintrat! Ich mochte so anderhalb Stündchen vor mich hingedöst haben, als mir eine feuchte Nase übers Gesicht fuhr. Und wie ich vorsichtig in die Richtung blinzelte, nach der die wilde „Hexe“ starr äugte, bemerkte ich auf Schrotschußweite einen gerade aus dem Jungwuchs kommenden Fuchs.

Es war eine klapperdürre Fähe, die offensichtlich gerade ein halbwüchsiges Kaninchen ihren Jungen zum Bau trug. Ja – auch eine Mutter hat's nicht leicht!

Fragend, ein wenig vorwurfsvoll ob meiner Untätigkeit, schaute mich mein kleiner vierläufiger Gefährte an: Laß gut sein, „Hexl", ich kann und mag nicht schießen. Denn einmal hat die führende Fähe jetzt Schonzeit und zum anderen würden durch meinen Schuß die kleinen Füchslein eines elenden Hungertodes sterben. Und das will und tut doch kein ordentlicher Jäger!

Ob sie mich verstand, die Gute, weiß ich nicht, aber sie ließ es sich doch gern gefallen, als ich sie liebevoll streichelte. –

Da fiel dort, wo F. saß, ein Schuß mit deutlichem Kugelschlag. Sogleich war ich hellwach und auf den Läufen, wobei ich unverzüglich hinter einem Baum stehend in Deckung ging. So hatte ich's schon als grasgrüner Jungjäger getan und habe es bis auf den heutigen Tag beibehalten. Das hat den Vorzug, daß man sich nicht so leicht vom Hintergrund abhebt und dem Wild verrät. Zudem ist man ungleich beweglicher, als wenn man auf einem Stuhl oder Stock hockt, der gerade im unpassenden Augenblick knarrt oder quietscht. Früher brachte ich's dabei, immer auf dem gleichen Fleck stehend, oftmals ohne sonderliche Mühe auf drei bis vier Stunden. Heute bekäme ich mit den alt gewordenen „Ständern" eine solche „Standhaftigkeit" freilich kaum mehr fertig. So ändern sich die Zeiten...

Sicher noch keine zehn Minuten hatte ich so, Gewehr bei Fuß, gestanden, da hörte ich es in der Dickung knacken und brechen, dazu das Anstreichen von Geweihen: Das Wild war in seinem Tageseinstand hochgeworden und sicher im Anwechseln zur Feldmark mit ihren mannigfachen Genüssen!

Ja, und da traten auch schon drei Geweihte in den Jungwuchsstreifen vor mir: vorneweg ein überlauscherhoher Spießer, dann ein Achter – beide noch im Bast. Als dritter folgte ein auch an Rumpf erheblich stärkerer ungerader Kronenzwölfer mit völlig blankem Geweih. Hell hoben sich die Enden, zum Greifen nahe im 7 x 50-Zeissglas, in der Abendsonne ab – ein herrliches Bild!

Lange konnte ich mich freilich nicht daran erfreuen, denn alsbald kam wieder Bewegung in die nur einen kurzen Augenblick verhoffenden und sichernden Edlen. Sie hatten es sichtlich eilig, ins Feld zu kommen.

So zögerte ich denn nicht mehr und strich flugs mit der 8 x 60, den schlanken Lauf mit der Linken umspannend, an meiner Kiefer an.

Hinüber sang die Kugel, faßte rechts hochblatt und warf den Zwölfer in seiner Fährte zusammen.

Dabei fing ich einen ganz eigenartigen, von mir bislang wissentlich noch nie vernommen Laut auf. Er mochte, anders kann ich ihn nicht beschreiben, zwischen Klagen und tiefem Schrecken liegen.

Doch da war der Hirsch auch schon erneut im Jungwuchs auf den Läufen, um den sicheren, ihm so wohlvertrauten Einstand wieder anzunehmen. Ich ließ es indessen nicht soweit kommen. Im Knall hatte ich, wie stets, die Büchse noch am Kopf, repetiert und setzte dem Todwunden unverzüglich die zweite Kugel auf das linke Blatt. Wie ich nachher am Gestreckten feststellte, deckten sich Ein- und Ausschuß hüben und drüben nahezu.

Mit letzter Kraft strauchelte und taumelte der todkranke Geweihte in den dichten Bestand, wo ich ihn alsbald krachend zusammenbrechen hörte. Ein paarmal noch schlugen die sehnigen Läufe, dann herrschte Totenstille im abendlichen Walde, als hätte nicht vor kurzem erst zwei Schüsse sie unterbrochen.

Ein starker, reifer Hirsch lag vor mir, als ich entblößten Hauptes mit der wilden „Hexe“ an ihn herantrat. Der sonst aus gutem Grunde eingehaltenen längeren Wartezeit hatte es diesmal nicht bedurft – zu sicher war ich meiner beiden Kugeln und der Wirkung der guten 8 x 60-Büchse. Die Pürschzeichen vollends waren unmißverständlich.

Zutiefst ergriffen hielt ich meinem Zwölfer die Totenwacht, bis ich mich zur roten Arbeit anschickte.

Eben war ich mit ihr fertig und hatte mir einen Bruch an den Jagdhut gesteckt und dem gestreckten Waldeskönig den letzten Bissen in den Äser gegeben, da hörte ich auf dem Waldweg Pferdegetrappel, und wenig später verhielt Z. bei mir sein Gespann.

Hinten im Wagen saß A. Ihm war außer einem einzigen Hasen nichts gekommen, und so nahm er nicht eben erfreut mein Waidmannsheil zur Kenntnis. Es wäre ihm gewiß genauso zuteil geworden wie mir, wenn er nicht in seiner Mißgunst mir am Nachmittag den Tausch angeboten hätte.

Schweigsam fuhren wir in unser Absteigequartier, und A.s Laune wurde auch nicht besser, als uns die Wirtin ein delikates Mahl servierte.

Vollends erst schlug sie um, als wir am nächsten Morgen F., unseren Beständer, von seinem Hochsitz abholten und er uns zwei recht brave Böcke vorweisen konnte: den einen hatte er am Abend zuvor, den zweiten in der Morgenfrühe erlegt.

Und als wir schließlich noch zu meinem Hirsch fuhren und A. das starke Geweih sah, hatte er's auf einmal sehr eilig, die unwirtlichen Gefilde zu verlassen und sich schleunigst heimwärts zu begeben, um sich dort seinen – sicher einträglicheren – Geschäften zu widmen und den Börsenzettel zu studieren. – Nun, wir drei waren darum nicht böse, sondern vielmehr froh, nun unter uns Gleichgesinnten zu sein – ohne A., dem Jagdneid und Mißgunst diesmal so übel mitgespielt hatten.

HANS JOACHIM GRAF VON SCHWERIN, geb. 1902 in Neidenburg/Ostpreußen als Sproß eines alten preußischen Geschlechtes, das 1978 sein 800jähriges Bestehen beging. Nach Gymnasialabschluß führte sein Weg bald zur deutschsprachigen Jagdpresse, deren regelmäßiger Mitarbeiter er wurde. Dazu zahlreiche Beiträge in Tageszeitungen und Hundefachzeitschriften – eine Tätigkeit, in der Graf von Schwerin voll aufging und die seinem Leben Form und Inhalt verlieh. Ab 1949 bis 1972 Schriftleiter von Jagdzeitschriften: zunächst beim „Waidwerk", dann bei der

„Deutschen Jäger-Zeitung“, deren Hauptschriftleiter er lange Jahre war.

Goldenes Treueabzeichen des Deutschen Jagdschutzverbandes. Anerkannter Richter des Jagdgebrauchshundverbandes, 16 Jahre hindurch Vorsitzender, später Ehrenvorsitzender des „Jagdgebrauchshundvereines Nordhessen“. Weitere Ehrungen durch Zucht- und Prüfungsvereine.

Gotthilft von Studnitz

Der Schwarze

Zu den schwierigsten jagdlichen Verfahren gehört es ohne Zweifel, einen Bock dem Schützen passend zuzudrücken. Denn es ist erstaunlich, und immer wieder neu enttäuschend, wie oft die Rehe – im Gegensatz zur Mehrzahl unseres Hochwildes – als Partner eines solchen Spieles zu von uns nicht eingeplanten Zügen greifen und uns damit vor Augen führen, daß bei ihnen Äsungs-, Flucht- und Ruhewechsel sehr verschieden liegen können.

Immerhin: es gibt auch Fälle, in denen sich selbst Rehe beim Drücken oder Treiben so verhalten, wie wir es ihnen mit dem Ansatz unserer Rechnung unterstellt und im Geist schon vorgeschrieben haben. Auch ich verdanke solchen Fällen – neben der einen oder anderen auf einer winterlichen Jagd erlegten Rehgeiß – diesen oder jenen meiner Böcke. In besonderem Maße haftet die Erinnerung an dem Schwarzen aus Westfalen. Denn unabhängig davon, daß er schon in seiner Eigenschaft mein erster war und einziger geblieben ist, umrahmten die Erlegung ziemlich überraschende Begleitumstände.

Sie begannen bereits damit, daß ich meinen Gastgeber und nun denn also Jagdherrn bis zu dem Augenblick, in dem ich bei ihm eintraf, in meinem Leben nie gesehen hatte. Er war der Enkel jenes Mannes, über den ein anderer namens Winkler ein damals vielgelesenes Buch geschrieben hatte, das diesen Grandseigneur zu einem derben Possenreißer mit dem Namen „Toller Bomberg“ machte.

Was nun den Enkel anbetraf, so besaß dieser ein bei seinesgleichen völlig ungewohntes technisches Interesse, das sich jedoch keineswegs nur in der Theorie erschöpfte. Vielmehr brachte er es unermüdlich auch zur praktischen Entfaltung, für die er selbst Gelegenheiten wahrnahm, an denen jeder andere glatt vorbeigegangen wäre. Gern wurde seinen Konstruktionen und Entwürfen aber auch ein regelrechtes Forschungsziel gesteckt, als das um jene Zeit die Optik und überhaupt Funktion des Auges im Brennpunkt seiner Anteilnahme standen. Und eben das hatte ihn auf meine Fährte und zu der Einladung an mich geführt, die er, dem nicht von ungefähr gegebenen Ratschlag eines Mittelmannes folgend, mit einem recht konkret gefaßten Hinweis auf den guten Rehstand seiner Jagd für mich verzuckert hatte.

Das Auslegen dieses Köders mag ihm übrigens nicht gerade schwergefallen sein, da die belebte Natur sein Interesse erst von einem Punkt an fesseln konnte, an dem sie sich in Apparate spannen ließ; wobei das Gewicht auch dann noch mehr auf diesen als dem Gegenstand der Untersuchung lag. Das wurde mir schon gleich nach meiner Ankunft deutlich, bei der sich der Park seines im Münsterland gelegenen Gutes im sonnenvollen Grün und Blühen eines letzten Maitags und durchdrungen vom Flöten der Pirole, vom Nachtigallenschlag und Drosselgesang von seiner besten Seite zeigte. Von mir, bereits in seinem Arbeitszimmer, auf diese Gunst des Augenblickes meines Kommens hingewiesen, lag meinem Gastgeber nichts näher, als mir stolz zu zeigen, wie er sich und seine Gäste von der zeitlichen und räumlichen Begrenzung solcher Freuden hatte unabhängig machen können. Einer von vielen, in die Wand des Zimmers eingelassenen Knöpfen trug die Bezeichnung „Buldern – Park im Mai“, und wenn man auf ihn drückte, erscholl aus einem eingebauten Grammophon ein Konzert dort aufgenommener Vogelstimmen, das dem Hausherrn für dessen Originale vollwertigen Ersatz bot. Die Bedienung anderer Knöpfe führte zur automatischen Erläuterung von in seinem Haus augenscheinlich häufig angeschlagenen Themen auf dem gleichen Wege; eine Taste mit der Bezeichnung „Großvatersgeschichten“ ließ das jedenfalls vermuten.

Solche die Kräfte des Schloßherrn schonenden Geräte gab es nun dort noch eine Reihe. Als geradezu bestürzend aber kann ich nur die Wirkung einer Anlage bezeichnen, da sie sich unauffällig durch das ganze Haus verzweigte, um ihren ahnungslosen Opfern noch in dessen letzten Winkelchen und Ecken aufzulauern. In ihren Netzen sollte ich als Neuling mich denn auch bereits vor meiner ersten Morgenpirsch verstricken, obwohl ich zu meiner Ehre sagen muß, daß sie mich jedenfalls nicht ganz unvorbereitet fanden. Schon beim Verlassen der mir zugewiesenen Zimmer nahm ich eine in die gegenüberliegende Flurwand eingelassene Photozelle wahr, die ja irgendeinen Zweck erfüllen mußte. Und da sie in diesem Hause als Empfänger einer Ultrarot-Alarmanlage immerhin nicht auszuschließen war, hatte ich mich flugs bis unter ihr Niveau gebückt und mich in dieser Stellung, reichlich mühsam, bis zur Treppe hinbewegt. Dort angekommen, wähnte ich mich viel zu früh in Sicherheit, denn im Augenblick, als ich mich wieder zu normaler Höhe aufrichtete, schrillte ein Läutwerk so gellend und den letzten Nerv durchfahrend auf, daß man wie an seinen Platz genagelt stehenblieb und in der Befürchtung nicht ein Glied zu rühren wagte, damit noch Schlimmeres hervorzurufen.

Das überraschendste aber war womöglich die Wirkung dieses Höllenlärms auf die Umgebung, von der sich doch erwarten ließ, daß sie in Gestalt des am Tag zuvor gesehenen oder nur erahnten Personals sogleich am Ort der Tat zusammenströmen würde. Statt dessen trat allein der Hausherr in seinem Bademantel unten in der Halle in Erscheinung. Die Äußerungen des Bedauerns, daß er vergessen habe, mich beim Schlafengehen auf die Alarmanlage und deren Ausschalthebel aufmerksam zu machen, wurden dann jedoch so rasch von einer offenbaren Freude über seinen Einfall, dessen reibungsloses Funktionieren und seinen Eindruck auf mich überstrahlt, daß man Zweifel daran hegen konnte, inwieweit sein Versäumnis wirklich auf Vergeßlichkeit beruhte. Die Antwort auf meine Frage aber, warum nun nicht das ganze Haus am Ort der Tat zusammenströme, ließ mich einen Einblick in die Verfassung dieses zutiefst einsamen sonderlichen Mannes tun. Das ganze Haus, so gab er mir zu wissen, sei hier mit ihm und mir bereits versammelt, da alle anderen nicht unter seinem Dache schliefen – indem es sie in erster Linie waren, denen gegenüber er sich schutzbedürftig glaubte.

Durch diesen Auftakt doch leicht mitgenommen, begann ich meine erste Morgenpirsch. Ihr Ziel war eine nicht weit von Schloß und Hof an einen Mischwaldsaum gestellte Kanzel, vor der sich der zur Zeit dort beste Bock in einem Kleeschlag delektieren sollte. Diese Mitteilung machte mir der junge Jäger, der mich führte und mich davon in Kenntnis setzte, daß speziell dieser Bock mir zugedacht sei und sein Auftrag lautete, mich auf ihn zu Schuß zu bringen.

Dies sollte allerdings mißlingen, und an den zwei Abenden und zwei Morgen, die wir von der besagten Kanzel auf den Traumbock hofften, trat weder er noch überhaupt ein Reh um uns auf dem Kleeschlag in Erscheinung. Das war angesichts von dessen Weite und für jedes Rehherz geradezu verlockenden Begrünung, zumal mit dem schönen Waldbestand dahinter, doch so seltsam, daß ich, je deutlicher sich dieser Umstand abhob, für mich selbst nach Gründen für ihn suchte.

Wo diese nun jedoch auch liegen mochten – hinsichtlich eines Weiterkommens liefen sie in jedem Fall darauf hinaus, daß meine Chancen durch einen Eingriff auch von meiner Seite in die Planung nur verbessert werden konnten. Und die Gelegenheit hiezu hatte sich denn auch schon bald ergeben: Auf unseren Gängen zu und von der Kanzel mußten wir einen Kahlschlag passieren, aus dessen verschwommenem Dämmergrau beim frühmorgendlichen Hin- und spätabendlichen Rückweg ganz regelmäßig ein tiefschwarzer Klumpen fast gespenstisch abstach, der sich in der Morgensonne bei der Heimkehr von der Frühpirsch und des Nachmittags beim Start zum Abendansitz als ein schwarzer Rehbock präsentierte.

Dieser lokal begrenzten Mutation des Rehwildes war ich in der Altmark, in der Lüneburger Heide und um Bremen zwar schon gelegentlich begegnet, doch geschossen hatte ich ein solches Stück noch nie. Nichts lag deshalb näher, als das bisher Versäumte hier nun nachzuholen, zumal des Bockes schlechthin kümmerlicher Hauptschmuck, der wie zwei dicke, einwärts gekrümmte schwarze Daumen wirkte, einem anderen Jagdgast kaum begehrenswert erschienen sein würde. Wogegen man selbst ein eigentlicher Trophäenjäger nie gewesen ist und überdies zu jener Zeit bereits so viele gute Böcke an der Wand zu Hause hängen hatte, daß man auf diesen einen, einstweilen ja auch nur gedachten von der Kanzel nicht gerade dringlich angewiesen war.

Was es nun auch gewesen sein mag: Ob der Jagdherr und sein Jäger als einziges Ziel der Jagd bei ihren Gästen – weil durch diese so beeinflußt und erzogen – die Kategorie „Trophäe“ angesehen haben, so daß sie eine andere gar nicht mehr begreifen konnten; ob der Jäger sich zu strikt an seinen Auftrag hielt, ohne daß er ihm gewachsen, oder ob er umgekehrt bestrebt war, sich oder dem Revier die Böcke zu erhalten – alle diese Möglichkeiten lagen in dem Widerstand beschlossen, den der Jäger meinem Streben nach dem Schwarzen hart entgegensetzte, indem er ihn nach außen mit der Vision vom Starken und dem Trost verbrämte, daß der andere uns ja nicht entgehen, da jederzeit gewissermaßen nur zu pflücken sein würde.

Es blieb also gar nichts anderes übrig, als dieses für meinen Jagdherrn zutiefst profane Thema ihm selber gegenüber anzuschlagen und es irgendwo in die Besichtigung von Apparaten und Entwürfen, die Vorführung alter Wochenschauen (für die er ein Archiv besaß) oder unsere medizinisch-technischen Gespräche einzuflechten. Das gestaltete sich zwar gar nicht so ganz einfach, denn selbst die Mahlzeiten boten zu derartig abseitigen Gesprächen kaum Gelegenheit, obwohl wir an der langen Tafel ganz alleine saßen. Die Pflichten der zwei Diener nämlich, denen die Sorge um uns oblag, bestanden neben ihrem sonst gewohnten Umfang auch noch darin, ihrem Herrn eine geistige Nahrung zuzuführen, auf die er selbst bei Tisch nicht gern verzichten wollte. Teetische sahen sich in diesem Haus insoweit zweckentfremdet, als sie dazu dienten, eine wohlbedachte Auswahl von Kompendien bei Bedarf an seinen Platz zu rollen – eine Stütze des Wissens, die, je häufiger er auf sie zurückgriff, mich von meinem Ziel da draußen auf dem Kahlschlag um so mehr entfernte.

Es wurde schließlich und natürlich aber doch erreicht, wenngleich auch wirklich erst im allerletzten Augenblick, unmittelbar vor meiner letzten Frühpirsch. Und selbst dann noch, als wir im ersten Dämmerdunkelgrau des Morgens die Gestalt des Schwarzen verschwommen auf dem Kahlschlag wahrnahmen, jagte der Jäger, anstatt das Büchsenlicht an Ort und Stelle abzuwarten, dem Phantom des Guten an der Kanzel nach – um, als wir dort diesen wieder nicht gesehen hatten, bei der Rückkehr zu dem Kahlschlag nunmehr unter leichtem Nieselregen auch diesen leer zu finden.

Man wird sich meine Stimmung unschwer selbst zusammenreimen können, und aller von mir aufgebrachten Mühen ungeachtet, mag sie auch der Jäger mindestens erraten haben. Jedenfalls mobilisierten sich jetzt plötzlich Fähigkeiten, einschließlich der dazugehörigen Aktionskraft in ihm, mit denen ich schon gar nicht mehr gerechnet hatte. Bei Regen, so wurde mir von ihm erläutert, pflege der Schwarze nicht im Freien auf dem Schlag zu bleiben, sondern sich in den angrenzenden Bestand von jungen Eichen einzustellen. Dort sei er, ihres hohen Unterwuchses wegen, jedoch nur äußerst schwierig auszumachen und, obwohl wir das Geräusch des Tropfenfalles als akustische Kulisse für uns buchen könnten, noch viel schwerer anzupirschen. Womit – wie er sogleich fortfuhr, als ob er jeder weiteren Enttäuschung gar nicht erst die Oberhand gewinnen lassen wollte – nicht viel anderes übrigbleibe, als mir seinerseits den Bock aus dem Bestand herauszudrücken.

Die Prognosen, die er diesem Unternehmen stellte, klangen in der Theorie recht günstig, zumal sie für die Praxis auch präzise aufgeschlüsselt wurden. Vor allem aber trafen sie dann haargenau auch zu. Der Bock, den er sehr geschickt nur durch das mit seinen Schritten ohnehin verbundene Geräusch zu geruhsamem Abziehen statt etwa zu wilder Flucht veranlaßt hatte, zog nicht anders, als sein Treiber es vorausgesehen und geschildert hatte, längs eines Zaunes ruhig und gelegentlich verhoffend aus den Eichen. Und ich hätte mich, gut gedeckt auf dem Schlag stehend, schon ganz absonderlich benehmen müssen, um das Gelingen noch zu gefährden. 70 Gänge entfernt stand der Schwarze und einigermaßen frei, als die Kugel hinters Blatt ihn vorwärts, gewissermaßen vor die eigene Fährte fallen ließ.

Auch hier galt, daß ein gutes Ende alles gut macht – des Jägers Stimmung eingeschlossen, der mir nun bekannte, daß dieser Bock einstweilen der letzte schwarze des Reviers war, in dem jetzt nur noch eine Geiß dieser Färbung (im übrigen mit einem roten Kitz) vorhanden sei. Das war es also vielleicht gewesen, was ihn mit dem Abschuß hatte zögern lassen. Meine Freude an dem Schwarzen mag ihn jedoch noch mehr getröstet haben als die artig vorgegebene Anteilnahme des Jagdherrn, die ihn soweit führte, seine stete Furcht vor kalten Füßen und womöglich Schnupfen einmal außer acht zu lassen und den vor der Schloßtür abgelegten Bock sogar höchstpersönlich in Augenschein zu nehmen.

GOTTHILFT VON STUDNITZ, einer der ältesten mährisch-schlesischen Familien entstammend, geb. 1908 als Sohn eines Marineoffiziers in Kiel. Nach dem Studium der Zoologie an den Universitäten Kiel und Breslau folgten einige Assistenten- und Dozentenjahre in Kiel sowie an der Martin Luther-Universität in Halle an der Saale, wo der Autor 1942 den Lehrstuhl für Zoologie übernahm. Infolge seiner großen Leidenschaft für das Waidwerk hat er jedoch den Kontakt zum Tier in freier Wildbahn nie verloren und ihn als Ergänzung zu seiner beruflichen Forschungsarbeit gewertet. 1951 wurde Studnitz mit einer besonderen Aufgabe betraut: der Wiedererrichtung des im Krieg völlig zerstörten Lübecker Naturhistorischen Museums – eine Aufgabe, die ihn 22 Jahre lang voll erfüllte.

Clemens Georg von Walzel

Der große Birkhahntanz

Ein alter Bergbauernjäger, dem ich bei sommerlichen Streifzügen unter dem „Schwarzenberg“ oft begegnete, erzählte mir, daß in seiner Jugend Birk- und Haselwild im Riesengebirge so zahlreich vorgekommen ist, daß bei den herbstlichen Treibjagden oft ein Dutzend und mehr zur Strecke kamen.

Zu meiner Zeit war dieses Wild schon rarer geworden. Selten waren im Herbst kleine Flüge von Birkwild zu beobachten und nur zweimal in 15 Jahren stieß ich im Hochsommer unter den „Blausteinen“ im dichten Blaubeergestrüpp auch auf Gesperren Haselhühner.

Ganz verlassen hat das Birkwild unsere Reviere um „Blaustein“ und „Rehorn“ nie. In jedem Frühjahr fanden sich an den alten Balzplätzen ein paar Hähne mit ihren Hennen ein.

Nahe den „Blausteinen“, einer Felsengruppe am Fuße des Schwarzenberges, lag eine der Hauptbalzen unseres Reviers. Von der Spitze des höchsten Felsen dieser Gruppe ging der Blick weit hinaus ins Riesengebirgsvorland und hinüber zu den Hängen des „Rehorns“, das mit seinen Hochmooren und einem unter Naturschutz stehenden Urwald, dem „Hofelpusch“, geradezu ideale Lebensbedingungen für das Birkwild bot.

Am Rand des Hochwaldes, unter den „Blausteinen“, zogen sich weite Wiesenflächen hinunter ins Tal der Aupa. Gruppen von Moorbirken, Fichtennester und zahlreiche Ebereschen hatten sich dort angesiedelt.

Hier trafen Mitte April die ersten Hähne ein, anfangs zwei oder drei, die später oft Zuzug von den Hängen des „Rehorns“ bekamen.

Von vielen unvergeßlichen Erlebnissen im heimatlichen Revier wird eines, das sich im Mai 1937 zutrug, immer einen besonderen Platz in meinen Erinnerungen einnehmen. Davon möchte ich erzählen. Zwei Morgen war ich schon zum Balzplatz unter den „Blausteinen“ aufgestiegen. Beide Male hatten zwei Hähne bis zum Sonnenaufgang gebalzt, ein junger mit noch weißen Bindezeichen in den Schwingen, und ein alter, reifer Hahn, mit breiten, weitgeschwungenen Sicheln und dunkelblaugrün schimmernder Brust. Beide Male strich der alte Hahn vor richtigem Büchsenlicht weit hinunter ins Tal, auch für einen Kugelschuß nicht mehr erreichbar.

Am dritten Tag war ich schon eine Stunde früher als die Tage vorher aufgestiegen. Klar leuchteten die Sterne in eiskalter Nacht, als ich aus dem Hochwald unter den „Blausteinen“ heraustrat, um den am Vortag weiter unten in den Wiesen aufgebauten Schirm zu erreichen.

Hartgefrorenes Gras und dünne Eisdecken über den Wasserlachen ließen es jedoch nicht ratsam erscheinen, weiter als bis zu einem kleinen Birkenbestand, vielleicht 100 Gänge über dem Schirm, vorzupirschen. Geduckt verharrte ich hinter den Birken, zusätzlich gedeckt von einer schräg im Boden eingebetteten Steinplatte.

Langsam ließ die Kälte Finger und Füße erstarren. Nach unendlich scheinender Zeit meldete ein Sausen in der Luft, gefolgt von einem dumpfen Plumps, den ersten Hahn. Im Abstand von wenigen Minuten ließ leises Rauschen das Eintreffen weiterer Hähne erkennen. Zu sehen waren nur die Umrisse einer nahestehenden Eberesche und ein paar hohe Grashalme vor meinem Versteck. Tiefe Stille ringsum. Die Sterne verblaßten, die Nacht schwand allmählich.

„Chuch“ klingt es plötzlich von irgendwoher, „Chuchuhui“ antwortet es diesmal rechts unten, und bald sind drei Hähne zu erkennen, die im Abstand von 30 bis 40 Schritten ihren Balzreigen drehen.

„Kuckkuckchuckkuk-rutrururutrururu“ spielen sich die Hähne ein, fauchen, kullern, drehen sich, hopsen hoch, trippeln im Kreise und aufeinander zu, ganz versunken in ihren gleitenden Tanz, gar nicht aufgelegt zum Kampf.

Heller wird es, da streicht ein weiterer Hahn die Wiese herauf, fällt 50 Gänge vor meinem Versteck auf einem grauen, moosbewachsenen Stein ein, klappt ein paarmal mit den Schwingen und steht mit hochgestrecktem Stingel bewegungslos. Es ist der alte

Hahn von den Vortagen, deutlich erkennbar an den breiten, leuchtenden Rosen und dem weiten Schwung der äußeren Sicheln, die schon im ungefächerten Stoß imponierend wirken. Ob der Alte wohl aushält, dieses Mal?!

Beim Anstreichen des alten Hahns sind die andern still geworden, plustern sich ein bißchen auf, picken herum, ziehen die Schwungfedern durch den Schnabel und sind sichtlich bemüht, wenig aufzufallen.

Da klingt ein Ton auf, der von jenseits des Grenzwalles, 150 m nordöstlich von meinem Versteck, zu kommen scheint. Hinter diesem Steinwall fallen die Wiesen steiler ab und lassen keinen Einblick von meinem Platz aus zu. Die Hähne vor mir machen lange Hälse, streichen nach Sekunden wie auf Kommando ab und verschwinden hinter dem Steinwall. Für Augenblicke bricht der seltsame Ton von drüben ab, hebt sich nach Sekunden wieder und klingt, als ob leichte Kutschenräder über ein Holzpflaster rollten, verhalten und seltsam vibrierend.

Die ersten Sonnenstrahlen leuchten hinter der Kuppe des „Rehorns“ hervor, als ich, Meter um Meter über die Wiese robbend, den Steinwall erreiche. Immer stärker schwillt der Ton von drüben an, und dann bin ich Zeuge eines einmaligen Schauspiels.

Die Wiesenfläche vor mir ist bedeckt mit balzenden Hähnen, Gruppen und Grüppchen von fünf, sechs und mehr Hähnen bilden ein weit ausgedehntes, in seinen Umrissen ständig wechselndes Blumenbeet weißgefächerter Blüten, blauschillernder Flächen, leuchtendroter Augenrosen; alles in drehender, fließender Bewegung, begleitet von einem auf- und abklingenden Rollen, Kullern, Gurren, Fauchen, das die ganze Luft erfüllt.

Über dem „Rehorn“ hebt sich langsam die Sonne und läßt die bunten Farben noch wundervoller aufleuchten. Erst als die Sonnenscheibe ganz am Kamm des Berges steht, kommt Unruhe in die Schar. Das Rollen klingt ab, Sekunden später hebt sich eine dunkel schillernde Wolke vom Boden und streicht hinüber zu den Hängen des „Rehorns“.

Ich weiß nicht, wie lange ich noch an der Stelle blieb, von der aus ich dieses einmalige Schauspiel erleben durfte. Als ich schließlich aufstand und in die Wiese hineinging, zeigten unzählige Federchen, Flaum, Balzlosung und Tritte, verstreut über eine weite Fläche, daß ich nicht geträumt hatte.

In den Jahren danach waren wieder nur die wenigen Stammhähne im Revier, drei, vier, wenn es hoch kam, auch einmal sechs. Aber das große Tanzfest der Hähne hat sich nie wiederholt.

Aus dem Tal, das schon zum Nachbarrevier gehört, löst sich eine lange Gestalt mit umgehängter Waffe aus einer kleinen Ebereschendickung und schreitet langsam auf mich zu. Bald habe ich ihn erkannte, meinen um einige Jährchen älteren Freund und Jagdnachbarn Josef Just, genannt „Kunzapepp“.

„Wenn wir das erzählen, was wir gerade erlebt haben, glaubt uns keiner“, meint er lachend.

Mit Josef Just bin ich schon lange befreundet. Von seinem Vater hatte ich gehört, daß in alten Zeiten Birkwild bei Drückjagden im Herbst geschossen wurde. In Josef Justs Revier schoß ich unter seiner Führung schon recht zeitig zwei brave Böcke, wir trafen uns auch regelmäßig bei den gegenseitigen Weihnachtsjagden. Seine ganze Passion gehörte aber den Füchsen. Eingepackt in einen Fellanzug, mit Doppelfilzstiefeln eigener Herstellung stand er in bitterkalten Nächten irgendwo draußen im Revier und schoß eine Unmenge kapitaler Winterfüchse.

Ich schreibe darüber, weil sich in diesem Zusammenhang etwas Seltsames ereignete.

Ich hatte „Kunzapepp“ zuletzt 1944 gesehen, später erfuhr ich von seinen Heldentaten als Scharfschütze an der russischen Front, dann brach jede Verbindung ab.

Als mein Buch „Der Wanderhirsch“ anfing, Form anzunehmen, schrieb ich eines Nachmittags über den „Großen Birkhahntanz“. Tags darauf kam ich gegen Mittag aus der Stadt. Am Einfahrstweg zu unserem Haus stand ein Auto. Eine junge Frau schaute heraus und frug, wo hier der Jörg Walzel wohnt. Ich guckte in den Wagen und traute meinen Augen nicht. Neben der jungen Frau erkannte ich das markante Gesicht mit der scharfen Adlernase von Josef Just. Über 40 Jahre waren seit unserem letzten Wiedersehen vergangen, und ausgerechnet nach der Niederschrift unseres gemeinsamen Erlebnisses mit den Birkhahnen kam er mich besuchen. Die Freude war übergroß, und das Erzählen nahm kein Ende.

Clemens Georg von Walzel, geb. 1918 in Marschendorf (Böhmen). Durch Heirat gelangte er nach Parschnitz im Vorriesengebirge. Wegen eines Gehörschadens nicht zur Wehrmacht eingezogen, folgte nach dem Universitätsstudium in Wien und Leipzig eine kurze Tätigkeit im böhmischen Familienbetrieb. 1945 wurde er – unter Zurücklassung seines gesamten Besitzes – mit seiner Familie aus der Heimat vertrieben. 1960 fand die Familie am Bodensee ein neues Zuhause.

Karl Weber

Hahnenzeit

Der Jagdgast von Frank hatte abgesagt. So bekam ich von meinem Freund die Einladung, bei ihm auf einen Großen Hahn zu „gehen". Ich empfand eine unbeschreibliche Freude, übt doch der Auerhahn, seit St. Hubertus mich in seinen Bann geschlagen hat, die größte Faszination auf mich aus. Wer einmal das großartige Schauspiel einer Hahnenbalz miterleben durfte, wird mich verstehen. Schließlich war es auch eine Auerhahnbalz gewesen, die mich seinerzeit dazu bewogen hatte, vom naturbegeisterten Pirschbegleiter zum praktizierenden Jäger überzuwechseln.

Ich saß damals neben Frank am Rießfeuchtriedel, angelehnt an einen Fichtenstamm, und lauschte in die Nacht hinein, um den ersten Laut ja nicht zu überhören. Diesen ersten Knapper, einem ins Wasser fallenden Tropfen ähnelnder Laut, der bestätigt, daß er wieder da ist, der Urige, der Herr über seine Hennen, die im morgendlichen Hochwald auf ihn warten. Dieser erste Knapper, der auch bekundet, daß es einen neuen Balzmorgen geben wird. Zaghaft folgen dann die nächsten, bis endlich das erste, ganze G'setzl entstanden ist. Er spielt sich ein. Immer schneller, erregter folgen die Strophen seines Morgenliedes. Die uralte und doch ewig neue Balzarie hatte die Urinstinkte des Jägers in mir wachgerufen. An jenem Morgen entschloß ich mich, Jäger zu werden.

Und nun, einige Jahre danach, durfte ich auf meinen ersten Großen Hahn „gehen". Nachdem Frank und ich knapp vor St. Georgi einen Hahn verlost hatten, warteten wir noch eine Woche zu. Frank selbst hatte keine Zeit, doch der Förster Peter Wanker, Franks Aufsichtsjäger, erwies mir den Freundschaftsdienst und erklärte sich sofort bereit, mit mir zu gehen. Es sollte dies der Beginn von unzähligen gemeinsamen Pirschgängen sein.

Der Pfarrer von St. Georgen äußerte den Wunsch, uns mit der Kamera begleiten zu dürfen, und so war er der Dritte in unserem Bunde. Am 29. April fuhren Peter und ich beim Pfarrhof in St. Georgen vor und läuteten. „Waidmannsheil, ich hab' ganz vergessen, daß ich heut' am Abend Ehekandidaten zur Brautlehr' da hab'", rief Pfarrer Martin beim Fenster herunter. „Aber ich kenn' ja den Steig zur Heimhoferhütte, ich find' auch im Finstern hin und komm' nach."

Als dann die Uhr zwei Stunden vor Mitternacht zeigte und wir gerade meinten, „der Martin kimmt heit nimmer", näherten sich Schritte, und es klopfte an der Hüttentür. Herein kam der Martin, ein Flascherl Wein unter den Arm geklemmt. „Grüaß enk Gott, habt's eh scho' glaubt, ich komm nimmer. Aber so a Brautlehr' is nichts Einfaches, das könnt's mir scho' glauben. So a Lehr' muaß fürs ganze Leben reichen."

Wir legten uns noch schnell für zwei Stunden aufs Ohr. Von Schlafen konnte, zumindest bei mir, keine Rede mehr sein. Als ich, in Gedanken versunken, gerade zum x-tenmal den Hahn ansprang, rasselte der Wecker, und ich sprang – diesmal wirklich – aus dem Bett.

Eine halbe Stunde später saßen wir schon am Rießfeuchtriedel, dort, wo Frank und ich einen Hahn verlost hatten. Wir saßen recht gut, bei milder Temperatur, aber als nach einer Viertelstunde noch kein Hahn zu hören war, wurde Martin unruhig. „Da is koa Hahn", meinte er, „der balzt weiter oben am Riedel."

„Is ja noch nicht's aus der Zeit", kam mir vor.

„Der Frank hat sein' letzten weiter unten g'schossen", sagte Peter und deutete den Riedel hinunter. „Mir kommt auch vor, wir sollt'n eher hinunter gehen und nicht hinauf", meinte ich. „Wart's a bißl da, ich schau' hinauf, bevor wir in die andere Richtung gehen", sagte Martin, und ohne eine Entgegnung abzuwarten, setzte er sich in Bewegung.

Er kam schnell wieder zurück und deutete uns schon von weitem ganz aufgeregt, daß er ihn, den Hahn, verlost habe. Nun kam Leben in uns, es packte uns das Hahnfieber mit aller Macht.

Da hörten auch wir den Hahn. „Tö-dl, tö-dl, tö-dl...". G'setzl um G'setzl spielte er herunter.

„Goock, gock, gock", antworteten die Hennen ihrem Gebieter, „da sind wir".

In der Zwischenzeit war es taghell geworden, und der Hahn balzte auf der anderen Seite der Lichtung. Doch der Martin wußte schon wieder Rat. „Da muß do' irgendwo der Horziontal-Steig sein", meinte er, „da könnt'n wir ja die Blößn umschlagen und von oben her kommen."

Wir eilten geduckt, jedes Geräusch vermeidend, dem Steig zu, diesen entlang und dann, als wir auf der richtigen Höhe zu sein glaubten, pirschten wir vorsichtig in Richtung Balzbaum. Plötzlich erstarrte Peter, der vor mir ging, und sank in sich zusammen. „Der Hahn, da, am Bod'n", hauchte er mir zu.

Aber da war bereits alles zu spät!

Schon ritt die erste Henne ab, gleich darauf die zweite, und schließlich folgte der Hahn nach. Mit langen Gesichtern schauten wir ihm nach, wie er über den Schlag strich.

Glücklicherweise fiel er aber gleich auf der gegenüberliegenden Seite in einer Fichtengruppe ein. Er verschwieg und machte einen langen Stingel. Wieder begannen die Hennen zu locken. „Goock, gock, gock, gock." Der Hahn meldete erst zaghaft, doch dann spielte er sich wieder ein. Knapper – Triller – Hauptschlag und Schleifen – alle Register seines Balzgesanges zog der Herr des Morgenwaldes.

Peter und ich tauschten beim nächsten Schleifen die Büchsen. Ich nahm die Hornet, von der ich wußte, daß sie Punkt schoß. Ich hatte zwei Tage zuvor einige Probeschüsse damit gemacht.

Bis zum Hahn waren es etwa 70 Meter. Sein metallisch-grün schillernder Schild leuchtete zu uns herauf. Ich strich, auf dem Boden sitzend, am Stock an.

„Schiaß, bittschön, schiaß", drängte mich Peter. Er hatte Angst, der Hahn könnte den Hennen wieder auf den Boden folgen. Als das Fadenkreuz den Hahn faßte, ließ ich fliegen. Ein heller Knall, der Hahn kippte vornüber und fiel wie ein Stein zu Boden. Dann herrschte wieder Stille im Wald. –

Der Urhahn lag, äußerlich vollkommen unversehrt, am Waldboden. Ehrliche Freude stand in den Gesichtern meiner Freunde, als sie mir das Waidmannsheil entboten. Es zeigte sich einmal mehr, daß geteilte Freude doppelte, in diesem Fall sogar dreifache Freude ist.

Ich dankte Peter und vor allem Martin, der so beharrlich darauf bestanden hatte, den Rießfeuchtriedel hinauf zu verlosen. „Was ein rechter Jäger ist, muß auch über einen sechsten Sinn verfügen", dachte ich bei mir, und Pfarrer ist er obendrein, da darf einen das nicht wundern.

Wir steckten dem Hahn den letzten Bissen in seinen Brocker und trugen ihn, auf den Rucksack gebunden, zur Hütte.

Unterwegs, aber auch vor der Hütte, kam dann Martin zu seinem Recht. Er fotografierte den Hahn von allen Seiten. Doch dann verabschiedete er sich eilig. Er mußte ins Tal, um im Zeller Gymnasium seiner Pflicht als Religionsprofessor nachzukommen. So ruhig, scheint es mir, hat es in unserer hektischen Zeit auch ein Pfarrer nicht mehr.

Peter und ich hatten noch Hüttendienst zu machen, danach stiegen auch wir ins Tal hinunter. Unterwegs begegneten wir dem Zwieselegger und dem Kreidelberger. „Ah, Waidmannsheil, da habt's an guaten Hahn g'schossen", meinten die beiden Bauern. „Habt's insan Pfarrer net g'sehgn?" fragte der Zwieselegger, „der Sakra ist hiazt jeden Tag obn bei da Hahnbalz."

Da fiel es uns wie Schuppen von den Augen. Peter und ich schauten uns ahnungsvoll an. Da war also unser „schein"-heiliger Begleiter bereits Tage vorher oben gewesen, hatte den Hahn verlost und uns wohlweislich nichts davon erzählt. So war es also weder ein Wunder noch sein sechster Sinn gewesen, mit dem Martin uns so unfehlbar zum Hahn geführt hatte.

So gesehen, hatte es unter der geistigen Patronanz von St. Hubert und unter der gewissenhaften Führung eines seiner Vertreter auf Erden gar nicht schiefgehen können.

Karl Weber, geb. 1940 in Salzburg. Die Neigung für das Leben mit der Natur vermittelte ihm sein Vater, ein begeisterter Alpinist und Fischer. In der Verwandtschaft seiner aus Tirol stammenden Mutter finden sich seit Generationen Jäger. Auf der Jagd nach verschiedenem Wild durchstreifte Weber nicht nur seine engere Heimat, sondern auch ferne Länder. Seiner ersten Kenia-Jagdsafari (1970) sollten noch weitere folgen. Acht Jahre später unternimmt er mit Freunden die erste Kanada-Jagd. Im Jahre 1983 beginnt er, gleichzeitig mit seinem Vater, nach längerer Pause wieder zu zeichnen und zu malen und seine Jagderlebnisse niederzuschreiben. Karl Weber führt mit seiner Familie ein Einrichtungshaus in Zell am See im Salzburger Land, wo er in eigener Werkstätte u. a. traditionelle Hirschledermöbel erzeugt.

Eduard von Wosilovsky

Sonntagskindern vorbehalten

In Betrachtung meines Jägerlebens kann ich jetzt schon sagen, daß das, was ich nun beschreibe, zu meinen schönsten Jagderlebnissen zählt. Einerseits, weil ich davon nie zu träumen gewagt hätte, andererseits, weil es eben bestimmte Dinge im Leben gibt, die Sonntagskindern vorbehalten bleiben.

Jener so denkwürdige Tag begann eigentlich verkorkst. Den Morgen verschlief ich, denn ein Blick um drei Uhr aus dem Fenster trieb mich wieder in den Kessel – es regnete! Um sechs Uhr stand ich aber doch auf, weil meine hitzige Hündin mich mit ihrem Gebell und Gejaule schier zur Verzweiflung trieb. Na, wird das ein Urlaubstag – den Morgen verschlafen, der Himmel voll Wolken und die Laune mies! Was blieb mir da weiter übrig, als zu studieren, Trost in den Büchern zu suchen.

Gegen 15 Uhr hatte ich auch davon die Nase voll, packte mein Zauberzeug zusammen und stieg ins Auto. Ab ins Revier. Der Himmel wollte mir jetzt Gutes tun, die Sonne schien wunderbar warm, und die Temperatur stieg an.

Meine Birsch begann. In der Abteilung „Fasanerie" stieß ich auf frische Saufährten. In der vergangenen Nacht hatte die mir bekannte starke Rotte den Hauptwechsel zu den Schlägen 1 bis 4 angenommen. Das ergab eindeutig das Fährtenbild.

Langsam, fast mühsam, schob ich mich vorwärts. Bald nach hier, bald nach dort äugend, ging es in Richtung Schlag 1. Dort angelangt, sagten mir die Holzarbeiter, daß ich nicht in den „Birkensee" zu birschen brauchte, denn dort hatte man gestern den ganzen Tag über gesprengt. „Da ist weder Bock noch was anderes zu erjagen", meinte der dicke Otto und mochte damit gewiß recht haben. Ein anderer erzählte von drei mittelstarken Sauen, die man gestern hier im Siedlerwald herausgetreten hätte und die weiter nach oben zu den Schlägen 3 und 4 getrollt wären.

Was tun? „Sich vom Zufall und den Instinkten treiben lassen!" sagte ich mir. Wie willenlos folgte ich also meinen Beinen. Sie trugen mich einen tief ausgetretenen Schalenwildwechsel entlang.

Diesen nutzte ich als Birschsteig, um endlich einmal den Einstand jenes kaptialen Bockes auszumachen, der hier in völliger Zurückgezogenheit seine Fährte zog. Müde wurde ich. Wo sich bloß hinsetzen? Nirgendwo gab es einigermaßen guten Ausblick. So ging's eben birschend weiter, durch Schlag 1, dann Schlag 2, bis zur Schlaggrenze 3. Hier folgte ich einer kleinen Abzweigung, einem vor vielen Jahren genutzten Holzabfuhrweg.

Bald war ein günstiger Bodenansitz gefunden, das Schußfeld schien ausgezeichnet. Auf einem großen Stubben ließ ich mich nieder. So saß ich denn und glaste mit dem Zielfernrohr aufmerksam die Bestände ab. Gegen 17 Uhr zog mit heftigem Grollen und Brausen von Nordwesten ein Gewitter auf. Nach den ersten Windböen stürmte ich einer Dickung zu. Dort, in den Fichten, wo eine kleine Holzhauerhütte stand, fand ich einigermaßen Schutz.

Theaterdonner, nach kaum einer halben Stunde vorbei. Was sollte ich an diesem angebrochenen Abend noch tun? Rückbirsch schien das beste. Langsam stieg ich bergan, der Schlaglinie 3 zu. Oben, an ihrem Scheitelpunkt, elektrisierte mich ein rotbraunes Gewimmel. Füchse auf der Schneise? Nein, Frischlinge! Sie zogen, nach Weichtieren suchend, die Schlaglinie herauf. Wo aber standen die starken Sauen? Runter in die Knie, die Waffe auf dem Sitzstock aufgelegt und der Dinge geharrt.

Richtig, die führenden Bachen zogen nach wenigen Minuten gleichfalls aus der Naturverjüngung, manchmal ihre Frischlinge mit dem Wurf schubsend, mehr scherzend als strafend.

Dieser Familienverband ist nichts für die Kugel. Doch wo blieben die Überläufer? Prasselnd brach's jetzt auf 90 Schritt im Unterholz. Die Überläufer! Flott zogen sie auf eine freie Fläche links der Schlaglinie. Das Unterbewußtsein diktierte „Luft anhalten, Schuß!" Den Drilling auf und nachgeladen. Im selben Augenblick flüchtete die Rotte, den Rückwechsel annehmend, auf 40 Schritt über den Weg. Wenn man doch ein wenig schneller sein könnte! Auf eine weitere geringe Sau wäre ich dann fertig geworden. Doch im Schuß vorher sah ich den Wutz zeichnen und das sollte doch genügen.

Die selbstverordneten 45 Minuten Wartezeit vergingen unendlich langsam. Am Anschuß fand ich dunkelroten Schweiß und Knochensplitter. Hatte sich die Kugel verschlagen? Abgekommen war ich direkt Blatt. Im Unterbewußtsein rekapitulierte ich, daß sich die Sau im Augenblick des Schusses bewegt hatte. War das die Ursache? Sicherlich!

Was tun? Bald würde die Dunkelheit hereinbrechen, und die Hündin hatte ich wegen ihrer Läufigkeit zu Hause gelassen.

Mußte es also allein anpacken. Das Zielfernrohr vom Drilling gehakt. Vorsichtig nahm ich, hundegleich mit tiefer Nase der Schweißfährte folgend, das Unterholz an. Nach ein paar Schritten lag im Gras ein Stück Gescheide. Da haben wir's! Der Schweiß leitete mich weiter – plötzlich wurde direkt vor mir die schwerkranke Sau hoch und versuchte, sich weiterzuschleppen. Wie da einen Fangschuß anbringen? Überall deckender Jungwuchs!

Eine Pause von 20 Minuten mußte eingelegt werden. Vorsichtig birschte ich hernach wieder näher ans Stück. Hoch die Waffe, und im Bruchteil eines Augenblicks, als zwischen Kimme und Korn „alles grau schien", peitschte der Fangschuß in den Abend.

Und die Sau? Blitzschnell kam sie aus dem Wundbett hoch, stellte die Federn auf und nahm mich sofort an. Schnell fragten die Gedanken, was zu tun sei – und schon lag ich im nassen Gras, umsprüht von tausendfachen Wassertropfen. Instinktiv deckten meine Arme den Kopf ab. Nur Sekundenbruchteile währte dies, dann riß mich eine unbegreifliche Bewußtseinsautomatik wieder auf die Beine. Ich stand mitten im Unterholz, ohne Waffe, ein „Kletterbaum" nirgends auszumachen. Irgenwo prasselte und rauschte es erneut heran, und abermals sah ich dieses graue Energiebündel vor mir. In letzter Sekunde erfaßten meine Augen dicht neben mir eine dicke Buche – schwupp stand ich dahinter.

Gerade zur rechten Zeit hatte ich auch den Drilling wieder in der Hand. Einen Meter neben mir flüchtete die Sau jetzt durchs Unterholz. Nach hinten blieb mir etwas Platz, so flog die Waffe an die Wange. Das Flintenlaufgeschoß des rechten Schrotlaufes ließ die Wehrhafte zwar radschlagen, sie raffte sich jedoch sofort wieder hoch und nahm mich, laut klagend, erneut an. Wieder schoß ich. Erst dieses Flintenlaufgeschoß aus dem linken Lauf riß sie endlich zwei Meter vor mir von den Schalen.

Dem geöffneten Gebrech entfloh die Seele. Grauweißer Atem zerflockte im Abendwind. Ein letztes Schlegeln, tiefes Stöhnen, und der Wechsel in die unendlichen Wälder des Jenseits war gefunden.

Ich stand entblößten Hauptes und sprach der tapferen Kreatur, die so verbissen um ihr bißchen Leben gekämpft hatte, voll Inbrunst mein Gebet:

„Heiliger Hubertus, ich bitte um Vergebung für mein Tun. Ich habe getötet. Doch Gott hat den Menschen die Erde gegeben mit all ihren Pflanzen und Tieren, mit allem, was auf ihr lebt und vorhanden ist. Und Gott sagte zu den Menschen, sie sollen sich die Erde untertan machen und diese fürsorglich verwalten. Er gab dem Menschen somit die Macht zum Töten der Tiere, aber auch den Auftrag, dies mit Ehrfurcht vor dem Leben zu tun.

Heiliger Hubertus, laß mich weitergehen auf dem Wege weidgerechten Jagens und führe mich dabei! Ich gab dieser Sau hier eine faire Chance. Gib sie mir auch, wenn die Zeit gekommen scheint."

Nach diesen Worten richtete ich meinen Blick zum Himmel. Das Erlebte lief als emotionales Echo in Zeitintervallen und einer so hohen Reizdichte nochmals ab, daß ich nur instinktiv begriff, was um mich vorging.

Nach etwa 20 Minuten hatte die Schalt- und Denkpause ihr Ende gefunden. Die rote Arbeit war bald getan. Im Dauerlauf legte ich die sieben Kilometer zur Försterei zurück, denn es galt die Transportfrage zu sichern. Hier erwischte ich den Kutscher Kurt, der soeben den Hof verließ. Nach einigen freundlichen Worten erklärte er sich bereit, meine Beute einzubringen.

Bei einem Fäßchen Bier mußte ich Freund Richard, später auch Kurt, alles genau erzählen. Ihre schelmische Schadenfreude konnte nicht übersehen werden!

Am frühen Morgen, als uns das Bier aus Ohren und Nase lief, meinte der Förster tröstend: „Du hättest eine schöne Beerdigung gehabt – natürlich mit dem Signal ‚Sau tot!'."

Wenige Jahre nach diesem Jagdtag ging mein väterlicher Freund und aufrechter Weidgenosse Richard in die ewigen Jagdgründe ein. Wir Jäger erwiesen ihm ergriffen die letzte Ehre. Ich habe seither oft an seinem Grabe gestanden und sein Lieblingslied gesungen: Ich hatt' einen Kameraden...

EDUARD VON WOSILOVSKY, geb. 1939, wurde 1945 aus seiner Heimat, dem Sudetenland, vertrieben. Einem völlig ungewissen Schicksal entgegensehend, gelangte er in jenes Deutschland, in dem Hammer und Sichel das Regime führten. Die von seinen Vorvätern ererbte Liebe zu Natur, Wald und Wild ließ ihn, allen Widrigkeiten der Zeitläufe zum Trotz, den Beruf eines Weidmannes ergreifen, der nicht nur mit Waffe und Hund, sondern auch aus ganzem Herzen jagte.

Alfons Reichsritter von Wunschheim

Ein uralter Hirsch

Der Revierteil hieß die Saugrube. Er bestand hauptsächlich aus freien, auf weiten Flächen von Erlen bedeckten Hängen, an deren Fuß sich erst schüttere Lärchenbestände anschlossen. Es war ein beliebter Brunftplatz der Hirsche, doch man konnte auch Gams antreffen, die vom Ladingkogel herunterkamen, gelegentlich auch brunftige Rehe.

Am Ende der Saugrube lag eine Hochalm, die damals im Sommer auch bewirtschaftet wurde. Als ich im August wieder einmal dort vorbei kam, machten mich die Almleute darauf aufmerksam, daß in einem der riesigen Erlenbestände ein Hirsch seinen Einstand genommen hätte, dessen überaus lange Augenden man von weitem sehen könne. Was er sonst aufhätte, konnten sie jedoch nicht verläßlich ausnehmen.

Diesen Hirsch mußte ich mir genauer ansehen. Ich schlug ob des Windes einen weiten Bogen und setzte mich dann hoch oberhalb der Erlen an, von wo ich einen guten Anblick in die Erlen haben würde. Es war zeitig am Vormittag. Der Hirsch war sicher niedergetan und daher nicht auszumachen, man mußte also Vorpaß halten und warten, daß er doch einmal hoch werden und damit seinen Standort verraten würde. Also machte ich es mir bequem, legte Glas und Spektiv zurecht, stopfte mir eine Pfeife, entzündete sie genüßlich und begann der Dinge zu harren, die vielleicht kommen sollten. Die Sonne meinte es fast zu gut, sie brannte mir auf den Buckel. Das war kein Feisthirschwetter, aber was soll's, ich war ja zum Jagen hergekommen, einmal, irgendwann müßte der Hirsch doch hochwerden!

Immer wieder griff ich zum Glas und suchte die Erlen ab, in denen der Hirsch stecken sollte, doch ich konnte nichts entdecken. Ich saß nun schon drei gute Stunden, ohne daß ich auch nur ein Haar gesehen hätte. Gerade hatte ich mir wieder eine Pfeife angezündet, da hatte ich den Eindruck einer Bewegung im Erleneinstand. Her das Glas! Richtig, da war ein braunroter Fleck in den

Erlen. Das mußte der Hirsch sein. Jetzt wird es spannend. Aber noch ist nicht mehr auszumachen als dieser braunrote Fleck, aber den lasse ich nicht mehr aus den Augen. Minuten vergehen, Ewigkeiten. Der Fleck wird größer, der Hirsch ist hoch geworden, ja es ist ein Hirsch, aber was hat er eigentlich auf. Nun muß das Spektiv her.

Der Hirsch, es ist der beschriebene, hat tatsächlich sehr lange Augenden, die im Mißverhältnis zum übrigen Geweih stehen, denn dieses ist ganz kurz und zeigt auf einer Seite ein brandiges Gaberl und auf der anderen ein brandiges Krönchen. Dem Gebäude nach ist es ein uralter Hirsch. Fürs erste bin ich zufrieden. Der Hirsch ist bestätigt, ist mehr als reif.

Jetzt kommt das zweite Problem. Wie komme ich gedeckt an ihn heran. Von meinem derzeitigen Standpunkt ist er viel zu weit entfernt, um eine sichere Kugel zu erhalten. Ich muß also näher heran. Diese Erlen bilden verschieden große Flecke. Dem Erlenfleck, in dem der Hirsch steht, sind zwei weitere vorgelagert. Ich muß also ganz nach rechts ausweichen, kriechend, um ungesehen in Deckung zu kommen. Gesagt, getan! Ich packe mein Zeug zusammen und robbe zum nächsten Erlenfleck hinunter, wo ich in Deckung bin, aber auch nichts sehe.

Die nächste Etappe besteht darin, ganz am Rande des Erlenflecks in Richtung Hirsch zu kriechen. Der erste Fleck ist überwunden. Mir rinnt der Schweiß aus allen Poren. Vorsichtig richte ich mich auf. Der Hirsch ist noch da, er hat sich mitten auf dem freien Fleck seines Einstandes niedergetan.

Jetzt machen die Erlen eine Gasse, hinüber an den Rand des zweiten Flecks. Wenn ich an das Ende des zweiten Flecks komme, wird es brenzlig. Dort ist wieder eine Gasse, und dann bin ich auch schon vor dem Einstand meines Hirsches. Nun ist auch das geschafft. Ich liege schweißtriefend hinter den Erlen, indessen mein Hirsch döst. Zunächst muß ich verschnaufen, sonst verpatze ich womöglich alles. Der Hirsch hat das Haupt gegen den Wind, ist also glücklicherweise von mir abgewendet.

Es sind schätzungsweise nur etwa 50 Schritt bis zum Hirsch. Ich entsichere die Büchse, steche, richte mich auf die Knie, gehe in Anschlag und mahne. Der Hirsch wird sofort hoch, um gleich wieder unter meinem Geschoß zusammenzubrechen.

Aber ich bin fertig und bleibe zunächst sitzen. Erst nach einer Weile stehe ich auf und steige durch die Erlen zum Hirsch. Das Spektiv hatte nicht betrogen. Der Griff in den Äser zeigt eine völlig ausgemahlene Unterkieferwanne, kein Kaurand mehr, keine Grandln, ein uralter Hirsch. Später habe ich das Geweih gemessen: 36 cm Augsprossen bei 63 cm Stangenlänge, federleicht.

Als ich schoß, schlug die Kirchenuhr in Dorfgastein 14 Uhr. Zwei Stunden hatte ich gebraucht, um an den Hirsch heranzukommen.

Ich mußte dann meinen Sohn und seinen Freund von der Alm holen, um den Hirsch aus den Erlen herauszubringen. Es brauchte drei Mann dazu. Erst dann konnte ich ans Aufbrechen denken.

Heute hängt das Geweih als Lehrstück im OÖ. Jagdmuseum Schloß Hohenbrunn bei St. Florian.

Der Revierjäger Engel erzählte mir dann einmal, daß ein Neunmalweiser bei der Trophäenschau den Hirsch ob seiner brandigen Enden als jung angesprochen habe.

Mit diesem Engel, einem der besten Berufsjäger, die mir je untergekommen sind, hatte ich ein aufregendes Erlebnis.

Es war Hirschbrunft. Als wir um 5.30 Uhr über den Kokasertrieb zum Hochstand in der Rinne pirschten, herrschte Totenstille. Kein noch so schäbiger Trenzer war zu hören. Von diesem Hochstand aus erwartete man das Anwechseln des Wildes von einer nicht allzu fernen Salzlecke. Nach einer Stunde vorsichtigster Annäherung waren wir glücklich oben. Wir sitzen kaum, und ich will mir gerade eine Pfeife stopfen, meldet ein Hirsch näherziehend sehr gut. Vor uns ist eine Gasse im gegenüberliegenden Hang, abgeschlossen durch eine umgebrochene Lärche.

Das Röhren kommt immer näher, und das erste Tier schlieft durch die Äste. Noch drei Stück folgen, der Hirsch aber bleibt röhrend immer noch unsichtbar. Die Tiere ziehen nach rechts und verschwinden wieder aus der Sicht, da tritt der Hirsch von links endlich in die Gasse. Ein kolossaler Wildkörper, fahlbraun, ein starker Achter. Er bleibt stehen. Schuß, keine Reaktion. Engel schreit ihn an, während ich blitzschnell repetiere. Schuß; der Hirsch rouliert, Läufe in der Höhe, so daß Engel den Brunftfleck sieht, verschwindet im Hang. Die Tiere flüchten durcheinander bei uns vorbei.

Nach einer Zigarette gehen wir zum Anschuß, gute 200 Schritte. Kein Schweiß, aber starker Brunftgeruch, doch weit und breit kein Hirsch. Wir suchen hin und her, endlich finden wir die Stelle, wo der Hirsch wieder auf die Läufe gekommen ist, von wo die Fluchtfährte steil bergab führt. Immer noch kein Schweiß, aber man kann die Fährte, nicht zuletzt durch den Geruch, halten. Kurz bevor man auf den Almweg kommt, auf der Böschung, setzt sich Engel nieder, und wir halten recht betreten Kriegsrat. Gekrellt? Sollen wir den Hund von der Luggau holen?

Plötzlich sagt Engel „Was rührt sich denn da?“ – Himmel – das ist eine Stange! Der todwunde Hirsch liegt dreißig Schritt unter uns auf dem Steig. Ich schleiche näher und gebe ihm den Fangschuß. Die Sonne scheint nun heller als zuvor.

ALFONS REICHSRITTER VON WUNSCHHEIM, geb. 1904 in Innsbruck. 1910 übersiedelten seine Eltern nach Wien, wo er zum Dr. jur. promoviert wurde. Er schlug die industrielle Laufbahn ein, die durch den Dienst in der Wehrmacht von 1939 bis 1945 unterbrochen wurde. Aus englischer Kriegsgefangenschaft heimgekehrt, wurde er 1945 in Oberösterreich seßhaft und übernahm die Leitung eines Industrieunternehmens.

Ab 1961 befaßte sich Wunschheim mit der Rettung des vom Verfall bedrohten Schlosses Hohenbrunn bei St. Florian, in dem unter seiner Ägide das Oberösterreichische Jagdmuseum entstand, das 1967 eröffnet wurde.

Die Errichtung dieses Museums führte 1968 zu seiner Berufung in die österreichische Delegation des Internationalen Jagdrates (CIC), 1969 wurde er deren Vorsitzender. Dieses Amt hatte er bis

1985 inne; von 1981 bis 1984 war Alfons von Wunschheim erster Vizepräsident des CIC. 1984 wurde er als erster Österreicher zur „Personnalité de l'anneé" (Sparte „Jagd und Umwelt") in Paris gewählt.

Peter Zechner

Der „Mogler"

Wir Jäger haben die Angewohnheit, bisweilen erlegtem, aber auch lebendem Wild Namen zu geben, es zu personifizieren. Dem Getier schadet es nicht, aber wir wissen dadurch auf Anhieb, welcher Hirsch oder Bock damit gemeint ist. Man glaube nicht, welch' starke Ähnlichkeiten bis hin zum Doppelgänger es in freier Wildbahn gibt, wie schwer es sein kann, auch einem Eingeweihten ein bestimmtes Stück zu beschreiben. Dies gilt besonders für Hirsche, deren Lebenserwartung mehr als doppelt so hoch ist als jene eines Rehbocks, der im Gebirge proportional schwieriger zu beobachten ist.

Der „Mogler" war ein Rehbock. Bei ihm war nicht Zweckmäßigkeit der Grund zur Namensgebung, auch kein individueller Anlaß. Ich taufte ihn erst, nachdem ich ihn erlegt hatte – ja, ich habe ihn vorher gar nicht gekannt!

Ein Jagdkamerad, der in jenem Jahr zusätzlich zu seiner Landwirtschaft durch den Stallbau arg in Zeitnot war, hat mir für getätigte Revierarbeiten einen Rehbock erlaubt. „I und meine Buam – mir keman heuer fast net zum Jagern. Bis 'n Spatherbst muaß da Stall steh'. Schieaß'n mag'st, was paßt!"

Das waren Worte! Nach dieser Einleitung erläuterte mir mein Gönner bei einem Reviergang seine speziellen Wünsche, zeigte mir dies und jenes. Rehwild gäbe es viel, zuviel sogar; einige Knöpfler habe er geschossen, Stangenbock noch keinen. „Die kriegen wir schon noch", meinte Max, und auch ich zweifelte nicht daran.

Es war Anfang Juli. Zwei Wochen werkte ich mit Axt und Säge, nahm mir kaum Zeit, nach dem Wild zu sehen. Dann aber schaltete ich auf „Jagd" und nahm die Büchse mit. Ich verschaffte mir, so gut es ging, vorerst einen Überblick über die vorhandenen Böcke; eingedenk jener, die sich nicht sehen ließen. Solche gibt es in jedem Revier – hier, in den teils bürstendichten Anpflanzungen, wahrscheinlich mehr. Einen Knöpfler erlegte ich in den nächsten Tagen, zwei andere Böcke – obwohl schußbar – waren mir zu gut. Die möge der Jagdherr schießen, doch der hatte keine Zeit.

Das Jagen im Flachland ist unvergleichlich leichter als im Gebirge. Die kurzen Anmarschwege zu den Kanzeln und Leitern sind Spaziergänge, Rehwild meist in großer Zahl vorhanden. Ich denke an die vielen Pirschgänge und Ansitze im Hochgebirge, bei denen ich oft nur eine Geiß, seltener einen Bock, manchmal auch keinen Anblick hatte. Der Bergwinter hat's in sich, brutal und erbarmungslos räumt er mit allem auf, was auch nur den Keim der Schwäche in sich trägt. Um so wilder pocht das Jägerherz, wenn dann ein handbreit über die Lauscher aufhabender Bock durchs nasse Almgras zieht.

Die Kanzel, auf der ich saß, war geräumig. Ich hatte meine Utensilien bereitgelegt, spähte durch die Lucken hinaus auf die Wiesen und Felder. Da und dort traten an diesem frühen Abend bereits Rehe aus, zogen suchende Böcke durch die Gefilde. Es war Brunftzeit; mein Spektiv kam nicht zur Ruhe. Irgendwo im Dreiviertel-Kreis war immer ein Bock zu sehen, äsend, suchend, treibend. Mit einem Satz: „Es war was los!“

Später, knapp vor dem Dunkelwerden, kam ein Gewitter auf, kein heftiges, doch die Sicht war weg! Als es dann im Westen doch wieder heller wurde, sah ich weit drüben in einem von Wald umgebenen Wieseneck einen Bock treiben und die Geiß beschlagen. Durch den Sprühregen war der Bock auch mit dem Spektiv nicht mehr näher anzusprechen. Sein Gehörn war niedrig, doch die Rücksprossen waren lang und seltsam nach unten gekrümmt. Dies sah ich gerade noch, denn dann wurde es finster.

Dieser Bock ging mir jedoch nicht mehr aus dem Sinn. Nach nur vier Stunden unruhigen Dahindösens fuhr ich wieder ins Revier, schlich auf anmoorigem Pfad durch den Wald. Im Zwielicht erklomm ich eine Ansitzleiter nahe jener Stelle, an der ich abends den Bock treiben sah.

Das Wieseneck vor mir und die Feldmark dahinter lagen noch im aschigen Grau, ein Käuzchen rief. Nur zögernd wurde es heller, doch die Wiese war leer. Erst viel später, als sich der Schleier der Morgendämmerung zu verlieren schien, entdeckte ich draußen auf den Feldern dunkle Flecken. Sie verschoben sich.

Das waren sie, auf die ich wartete! Es waren Rehe – fünf oder sechs an der Zahl.

Als es hell genug war, sah ich durchs Spektiv. Der Bock vom Vorabend war dabei, doch ich wurde über ihn nicht recht klug. Er schien jung zu sein, nur die hakenförmigen Rücksprossen des nur lauscherhohen Sechser-Krickels störten mich.

Dann – es schien bereits die Sonne an – kam die Gesellschaft angetrollt. Ich konzentrierte mich auf den Bock – leichtfüßig und grazil tänzelte er hinterher. Brennrot, von Statur wie ein Einjähriger, hielt er plötzlich an, äugte zurück. Dann preschte er wieder hinaus aufs Feld, als wäre der Teufel in ihm. Die Ursache stand draußen: ein hochaufhabender Bock starrte aus dem Weizen, und schon duellierten sich die Kämpen. Nach kurzem Hin und Her gab „mein" Bock Fersengeld, stürmte über die Wiese auf mich zu. 30 Schritt vor der Leiter verhoffte er, dann verschluckte ihn der Wald.

Ich hatte genug gesehen. Die kurzen Stumpstangen, die kräftigen, aber nicht hängenden Rosen. Der Bock war trotz seines kindlichen Aussehens alt.

Es war ein Sonntag. Max mußte mit dem Mähdrescher ausrücken; seine Söhne, übermüdet von den 15-Stunden-Tagen am Bau, waren ausgeschwärmt. „Schieaßn'S selber", befahl er mir. Nun, dies ließ ich mir nicht zweimal sagen!

Zuhause, nach dem Essen, schlief ich mich erst einmal aus. Meine Frau, mit viel (unbedanktem!) Verständnis für die Jagd, machte sich aus dem Staub; ich meditierte vor mich hin. Die Lektüre meiner Jagdzeitung stimmte mich auf das bevorstehende Ereignis ein, dann schlief ich tief und fest.

Um 18 Uhr war ich wieder auf der Ansitzleiter. Noch war es heiß, und die Sonne blinzelte durch das Astwerk ins Gesicht. Ringeltauben strichen klatschend zu den Feldern und wieder zurück, und von weither hörte man Tanzmusik. Der Schattenstreifen drüben am abgewinkelten Laubholzsaum wurde breiter – meine Zuversicht stieg. In undefinierbarer Vorausahnung, ja Bestimmtheit – spürte ich, daß es zum Finale kommen würde.

Bald danach äugte der Bock aus dem Randgebüsch im äußersten Wieseneck. Auch ohne Glas sah ich sofort: er ist's!

Trotz der nur hundert Schritt konnte ich nicht schießen. Eine 45-Grad-Drehung ließ der enge Sitz nicht zu; auch sah ich nur Haupt und Träger. Dann verschwand der Bock im Dschungel jenes Dickichts.

„Soll ich oder soll ich nicht?“ dachte ich mir. Bedachtsam nahm ich den Blatter aus der Brusttasche, blies zart hinein. Zwei, drei Fieplaute nur entlockte ich dem kleinen hölzernen Instrument. Sekunden später stand der Bock wie vorher haargenau an der gleichen Stelle und verhoffte gespannt zu mir her. Dann tüftelte er im Suchgang den Saum entlang, bog vor der Leiter ab ins Holz. Ich hörte ihn trappeln, sah aus den Augenwinkeln sein Rot fast unter mir. Danach war es still – ich wagte kaum zu atmen.

Ein paar Minuten verstrichen – da trat der Bock 30 Schritt rechts der Leiter aus dem Holz, zog erhobenen Hauptes zielstrebig auf die Wiese hinaus. Es war, als stelle er sich seinem Schicksal. Mitten auf der Wiese verhielt er, drehte bei und stand brettelbreit wie eine Scheibe. Den Schuß hat er wohl nicht mehr vernommen.

Dann stand ich vor ihm. Das Haupt von sich gestreckt, lag er im Klee, als rastete er. Ich griff nicht wie üblich ins Gehörn – die gewaltigen Rosen hielten mich in Bann. Wie Petschaft schienen sie auf das Haupt zu drücken, eingebettet in einem Wall schwarzer Stirnlocken.

Lange hielt ich dem Gestreckten die Totenwacht. Eine leichte Abendbrise trug mir vom nachbarlichen Dorffest Klänge zu, durchsetzt vom Gejohle übermütiger Burschen. Den Bock berührte dies nicht mehr. Er hatte ausgelebt und ausgelitten; seine Zeit war um. Es war trotz Tod oder sogar deswegen ein friedliches Bild: Der rote Bock, hingestreckt auf der von goldenem Abendsonnenschein überflorten Wiese, zweiseitig umrahmt von mächtigen Eichen, Buchen und Fichten.

Drüben am Waldrand schaute ich dann eingehendst meine

Beute an. Der Bock war so ganz anders als alle, die ich bisher erlegt hatte. Am auffälligsten waren seine fast drahthaarigen, brandroten Flanken. Sein Gesicht war schwarz mit nur wenig Grau um Windfang und Lichter, der Träger dünn. Er wog, wie sich später herausstellte, aufgebrochen nur 14 Kilogramm. Obwohl darauf vorbereitet, war ich von seinem Gebiß überrascht: Die Schneidezähne waren nur mehr formlose Stumpen, die Molaren bis zu den Wurzeln abgenützt. Er hätte nicht mehr lange zu leben gehabt, um so mehr wunderte mich seine für dieses Alter noch starke Krone und sein jugendlicher Elan, von dem ich mich noch am Morgen überzeugen konnte. Es scheint, als hätte der Fortpflanzungstrieb in ihm ein letztes Mal alle Kräfte mobilisiert, ehe er durch meine Hand in die ewige Nacht hinüberwechselte.

Bei der Trophäenschau wollte ein Nachbar diesen Bock schon jahrelang gekannt haben. Das war möglich. Die markanten Rücksprossen ließen eine Verwechslung kaum zu. Warum er ihn nicht geschossen habe? Die Antwort darauf blieb er mir schuldig.

Max hatte den Bock auch ab und zu gesehen. Da dieser anscheinend auch in früheren Jahren nicht viel mehr als nur lauscherhoch aufhatte, hat er ihn nie sonderlich beachtet. Auf den ersten Blick ein junger Bock! Bei der großen Auswahl wandte man sich auffälligeren Merkmalen zu, und so ist der „Mogler“ alt geworden, obwohl er kein Mogler war. Mogeln ist gleichzusetzen mit List, und diese war dem Bock sicher fremd. Es war mehr der Oberflächlichkeit der Menschen zuzuschreiben, daß sein Alter nicht erkannt wurde. Auch ich wäre ums Haar darübergestolpert und sehe keinen Fehler dran. Wir müssen nicht jedem Stück Wild in den Taufschein sehen, um es zu „bewirtschaften“.

Den „Jagdpäpsten“, die immer alles besser wissen, stand ich schon immer mißtrauisch gegenüber. Ich habe es in 45 Jahren nicht zum vollkommenen Jäger gebracht, wie ihn sich manche Ideologen wünschen. Als junger Weidmann maßte ich mir an, das Alter jeden Rehbocks annähernd zu schätzen, welche Überheblichkeit!

Die Wissenschaft bot Erkenntnisse, denen ich blind vertraute. Später erwiesen sie sich als doch nicht zuverlässig und wurden durch neue ersetzt. So wird es im Zuge der Evolution weitergehen, ich aber würde sagen, wir sollten das Wild mehr respektieren und es mehr „Wild“ sein lassen. Wir haben ohnehin schon zuviel manipuliert, um unseren Lüsten gerecht zu werden. Alle Normen und Richtlinien der letzten fünfzig Jahre, vom Ausmerzen „zukunftsloser“ Hirsche und Böcke bis hin zum Kraftfutter waren darauf ausgerichtet, Spitzentrophäen zu erzielen. Das Klischee vom gesunden, artenreichen Wildstand wurde mancherorts dazu mißbraucht, noch stärkere Trophäen wachsen zu lassen, bis es keine Steigerung mehr gab. Der Hirsch weiß von selbst, wann er das Wachstum seines Geweihes einzustellen hat, das künstliche Hinausverschieben seines Höhepunktes führt zum jähen Zusammenbruch.

In einer Großjagd, die immer als beispielgebend hingestellt wurde, erreichte dieser Kult schon vor 35 Jahren seinen Höhepunkt. Da wurde jeder Hirsch rigoros abgeschossen, der nach einer bestimmten Anzahl von Lebensjahren nicht zumindest einseitig eine Krone trug. Dies führte soweit, daß schlecht veranlagte Spießer an Winterfütterungen durch Genickschuß mit Kleinkaliber liquidiert wurden.

Der „Erfolg“ blieb nicht aus. Nach wenigen Jahren mangelte es an sogenannten Abschußhirschen; die Geister, die man rief, wurde man nun nicht mehr los. Das Abschußsoll mußte erfüllt werden, jetzt war man gezwungen, auch junge, endenfreudige Hirsche abzuschießen! In einem Fall wurde sogar beantragt (und bewilligt!) im Frühjahr Kolbenhirsche, die zu Schaden gingen, zu erlegen. Es kam aber nicht dazu, denn das Revierpersonal lehnte sich gegen diese „Jagdmethode“ auf.

Das Projekt „Nur-Kronenhirsche“ erwies sich jagdgeschichtlich als Eintagsfliege; glich der Schlange, die sich selber in den Schwanz beißt. Es ist nicht gelungen, der Natur menschliche Wunschvorstellungen aufzuzwingen. Als gebranntes Kind ist man heute mehr denn je bereit, der freilebenden Tierwelt nicht ins Handwerk zu pfuschen. Der biologische Abschuß wird sich vermutlich durchsetzen und das Jagen wieder ursprünglicher machen, ohne übertriebene Klassifizierung und sonstige Krämpfe.

Das Umdenken hat bereits eingesetzt, indem die Trophäe als alleinig Erstrebenswertes an Aktualität eingebüßt hat. Trotzdem wird sie ihre Faszination nicht verlieren. Für den Weidmann ist sie ein Kleinod, ein Schlüssel ins Paradies der Erinnerungen.

Die niedere, knorrige Sechserkrone des „Moglers" ist ein solcher Schlüssel. Sein Ende habe ich beschrieben, doch sein Leben zu zeichnen ist uns Menschen versagt. Neun oder mehr Jahre streift er durch die Gefilde, in guten wie in bösen Tagen. Freude und Not mag er erlebt haben, so wie wir Menschen auch. Er war sicher zu mehr Gefühlsempfindungen fähig als wir einem Tier zugestehen wollen, davon bin ich überzeugt. Obwohl zwischen ihm und mir Welten standen, betrachtete ich ihn als Partner. Daß ich ihn dennoch erschoß, trübt diese Beziehung nicht. Keiner kann seinem Schicksal entkommen, doch das „Wie" der letzten Stunde ist so verschieden wie Tag und Nacht. Er eilt auf die abendliche Wiese hinaus, um Freund Hein zu begegnen, mich trifft's vielleicht im Krankenhaus. Am Ende sind wir gleich; dort, wo es – im Gegensatz zum Irdischen – keine gleicheren gibt.

Vor Millionen Jahren glichen wir uns auch. Unsere Wege haben sich getrennt – hier treffen sie sich wieder.

PETER ZECHNER, fünftes Kind eines Bergbauern und schon von klein auf von den Schönheiten der Natur begeistert, legte 1946 die Jagdprüfung ab, später die Jagdaufseherprüfung und 1950 die Staatsprüfung für Berufsjäger in Graz. Seit 1988 im Ruhestand, lebt er heute im Bundesland Salzburg.

Ernst A. Zwilling

Auf der Suche nach dem Großen Kudu

Unter den vielen Antilopen Afrikas zählt der Große Kudu *(Tragelaphus strepsiceros)* zu den schönsten und begehrtesten Trophäen. Sein hohes, korkenzieherartiges, gewundenes Gehörn ist ungemein dekorativ und verleiht diesem edlen, unserem Rothirsch ähnelndem Tier ein sehr wuchtiges Aussehen. Nur der männliche Kudu trägt eine Hornzier; das Rekordmaß beträgt 181,6 cm. In seiner Trophäe kann sich der Große Kudu als einzige aller Großantilopen mit der Riesen-Elenantilope messen. Welcher der beiden die bessere ist, entscheidet ausschließlich der Geschmack. Trotz der (unaufgebrochen) etwa dreihundert Kilogramm Körpergewicht wirkt der Kudu ausgesprochen elegant. Die graufarbene Decke weist an beiden Seiten, je nach der geographischen Rasse, sechs bis acht markante weiße Streifen auf.

Das Vorkommen des Großen Kudu ist weitläufig. Allerdings tritt er in vielen Gegenden selten auf und bevorzugt eher die karge Felsbergwildnis. Die stärksten Gehörnträger gibt es in Südangola und Südwestafrika (heute Namibia), aber auch in Ostafrika sind gute Trophäen zu finden. Dort heimatet außerdem der Kleine Kudu *(Tragelaphus imberbis)*, weit geringer im Körperbau und Gehörn, aber dennoch sehr attraktiv.

Ich jagte den Großen Kudu zum erstenmal 1951 in den Felsbergen des mittleren Tschad-Territoriums. Die Rasse dort trägt den Namen *Tragelaphus strepsiceros cottoni*, ist etwa 1,5 Meter am Widerrist hoch und hat etwas kürzere, weniger kräftige Gehörne mit Durchschnittslängen von 1,25 Meter aufzuweisen. Die isolierten Bergmassive im Tschad- und Ubangi-Schari-Gebiet sind das nordwestlichste Verbreitungsgebiet dieser prächtigen Großantilope. In Kamerun fehlt sie; meine langjährigen Nachforschungen in der ehemals deutschen Musterkolonie blieben immer ohne Erfolg.

Die Fahrten und Streifzüge in der Wildnis des Tschads werde ich mein Leben lang nie vergessen. Aus der Literatur wußte ich, daß in den entlegenen Felsregionen des Abou Deia und Melfi vereinzelt einige wenige Große Kudus hausten.

In den öden Bergzügen – weit abseits der großen Straßen – lag das kleine Dorf der heidnischen Schwarzen. In diesem halbwüstenhaften Gebiet fallen nur selten Niederschläge. Die Grasflur war zu gelbem Stroh verdorrt. Der karge Boden gab nur etwas Hirse, Bohnen und Erdnüsse zum Leben ab. Einige Zwergrinder gehörten mit zu dem geringen Eigentum dieser Bergheiden, die keine Jäger waren.

Die Nacht war unmenschlich heiß, und ich schlief draußen vor einer leergeräumten Kegeldachhütte. Kurz vor Sonnenaufgang, noch in der morgendlichen Kühle, war ich schon in den recht unwegsamen Steingründen auf der Suche nach dem so begehrten Großwild unterwegs.

Als Führer hatte ich einen halbnackten Eingeborenen, den aber bloß meine Münzen lockten. Von der Jagd verstand er nichts. Er kannte aber das trockene Baumgrasland so gut wie kein anderer. Mehrere Pirschgänge brachten uns bereits überraschende Begegnungen mit weiblichen Kudutrupps. Das ungehörnte Wild – kleiner als die männlichen Tiere – flüchtete mit großer Schnelligkeit. Nur für Sekunden sah ich das Wippen ihrer weißen Wedel und hörte das Keuchen der abgehenden Antilopen.

Der Große Kudu ist wohl alles andere als leicht zu erbeuten! Die Stunden des hohen Sonnenstandes machten das Pirschen und das Bergaufklettern zur Qual. Besonders mein bloßfüßiger schwarzer Führer litt unter dem brennend heißen Erdboden. Wiederholt konnten wir in den Felstälern noch frische Kudufährten ausmachen. Dieses scheue Wild ruht während der Tageshitze versteckt im spärlichen Schatten von Büschen und unbelaubten, schwarzrindigen Baumkrüppeln. Trotz größter Sorgfalt und Vorsicht auf unseren Pirschgängen hatten wir nach einer Woche noch immer keinen Erfolg. Die Großen Kudus waren zum Phantom geworden.

Ich hatte die Nase gestrichen voll und verlegte meinen Lagerplatz in ein benachbartes Heidendorf, wo ein eingeborener Jäger sein Zuhause hatte. Gleich beim ersten Streifzug hätte es beinah geklappt. In einem winzigen Tal fand der Schwarze im hohen gelbreifen Graswuchs die frischen Fährten eines Kudubullen. Wir folgten den leicht niedergestreiften Halmen. Der Bulle war allein unterwegs. Erstaunlich, wie der eingeborene Jäger den kaum sichtbaren Trittsiegeln der Antilope folgen konnte, die langsam in die felsigen Einstände hinaufzog. Ich lief mit geladener Waffe hinter dem Schwarzen die vielen Widergänge einher. Die Zunge hing mir zum Hals heraus; höllischer Durst plagte mich.

Das Gelände änderte sich, wurde übersichtlicher. Die Hänge mit ihren einzelnen belaubten, niederen Bäumen boten zwischen den bizarren Felsblöcken leichten Durchschlupf und verschachtelten sich in den höheren Lagen in verschiedene Plateaus mit Geröll und einer niederen Grasnarbe.

Der Schwarze hatte das Fell einer Moorantilope als Schamschurz durch die Beine gezogen, und an den Füßen trug er Sandalen aus Büffelhaut. Gegen die gleißende Sonne schützte ihn ein hutartiges Bastgeflecht.

Nach etwa einer Stunde warf sich mein Begleiter plötzlich zu Boden und gab mir durch Zeichen zu verstehen, sofort ebenfalls Deckung zu nehmen. Schräg über uns in den Felsen stand frei und regungslos ein mächtiger Kudubulle mit hochaufragendem Gehörn. Ein Anblick für Götter! Die Entfernung betrug dreihundert, vielleicht sogar vierhundert Meter. Es war weit, zu weit für einen sicheren Kugelschuß, aber ich dachte gar nicht ans Schießen. Der Eindruck, den dieses stolze Wild auf mich machte, war zu gewaltig.

Lange Minuten beobachtete ich den Kudu durch mein Glas. Die Umrisse gegen den Himmel, der in tiefer Bläue große weiße Haufenwolken zeigte, machten das Tier noch imposanter. Die dunkle Hals- und Nackenmähne wehte im Wind. Als sich der Bulle im Schatten einer Baumgruppe niedertat, krochen wir langsam vorwärts. Ich war in Schweiß gebadet, auch der Rücken des Schwarzen glänzte, und ich atmete den erdigen Geruch seiner Ausdünstungen.

Aber wieder ging es schief, und nur tiefe Baßlaute, ein Schrecken, ein Abpoltern zeigten uns die Flucht des vorsichtigen Bergwildes an. Vom Großen Kudu selbst war nichts mehr zu sehen...

In diesem recht einsamen Jagdrevier gab es aber doch eine nicht alltägliche Überraschung. Mein Jagdhelfer fand im gebrannten Gras Knochenreste eines verendeten Kudus. Löwen schlagen gerne Großantilopen, besonders einzelne Bullen fallen ihnen oft zum Opfer. Auch der Leopard ist im Felsbergland des Großen Kudus ein gefährlicher Feind. Deshalb nahm ich an, die verstreuten Knochen seien die Reste einer Raubkatzenmahlzeit. Doch dann fanden wir unweit das halbangesengte Gehörn. Es war verkämpft mit einem anderen. Zwei brunftige Bullen hatten wohl wie Hirsche miteinander gerauft, konnten – beide schwer verletzt – nicht mehr auseinander und waren so elendiglich zugrunde gegangen.

Kudus sind erstaunlicherweise kein so zähes Wild wie etwa Pferdeantilopen, Hartebeester oder Wasserböcke und vertragen die Kugel schlecht. Auch gehen sie bei Brunftkämpfen leicht an den Forkelstichen ein. In der Brunft – das erlebte ich später in Südangola – suchen die starken Bullen, die sonst einzelgehen, die Rudel auf. Dabei kommt es zu erbitterten Kämpfen mit Nebenbuhlern. Hier aber hatte sich ein Drama in der noch unverfälschten Natur abgespielt. Die ineinanderhängenden, teilweise schon von Dermesteslarven angefressenen Gehörne übergab ich später den Jagdbehörden als Kuriosum.

In einer offenen, halbkreisförmig von Felsmauern umgebenen Grasebene fand ich neuerlich zahlreiche Kudufährten. Die Antilopen kamen nachts regelmäßig in die Ebene zu einem kleinen Wasserloch hinunter. An und für sich überstehen sie die Trockenzeit recht gut ohne das kostbare Naß, und doch unternehmen sie weite Wanderungen, um gelegentlich zu schöpfen.

Eines Tages fand ich das Wasserloch von drei zugewanderten schwarzen Jägern besetzt. Die wilden Kerle – mit langen Bögen und Giftpfeilen – hatten sich eine gut getarnte Grashütte errichtet und lauerten ebenfalls auf Kudus – eine Tatsache, die mich allerdings nicht sonderlich froh stimmte...

Leichter Rauch verriet ihr Lager in einer Schlucht am Talausgang. Nach meinen morgendlichen Pirschen packte mich die Neugierde, und ich suchte sie auf. Es war den fast nackten Burschen gelungen, an der Tränke einen schöpfenden Leoparden mit ihren Giftpfeilen zu strecken. Mit Salz, entsprechendem klingendem Bakschisch und dem Versprechen auf reichlich Wildfleisch konnte ich einen der Jäger als neuen Begleiter und Fährtensucher gewinnen.

Die Eingeborenen aus dem einige Kilometer entfernten Dorf Bedi hatten sich nämlich nicht bewährt. Sie waren faul, unlustig, wollten jeden Abend in ihr Dorf zurück und kamen dann am Morgen auch zu spät zu den Pirschgängen. So war ich froh, einen „richtigen" Wilden gefunden zu haben, der mir mit Rat und Tat zur Seite stand.

In jenen Tagen vor Beginn der Regenzeit erschlafften sowohl Mensch als auch Getier durch drückende Hitze und grellste Sonne. Der Himmel begann sich schon stark zu umwölken, aber nur heftige Wirbelstürme peitschten innerhalb weniger Minuten Sand und Staub der ausgedörrten Baumsteppe auf – kein Regen fiel. Aufgescheuchtes Wild, das laut in Fluchten abging, war uns gar nicht willkommen, denn jegliche Unruhe konnte die Kudus nur vergrämen. Auf unseren Streifzügen nach frischen, einholbaren Fährten hofften wir natürlich mit dem so überaus scheuen Wild zusammenzutreffen. Irgendwann mußte es klappen! Ich hielt mich an die alte Wahrheit: „Jäger unverdrossen, hat schon manches Wild geschossen..."

Dem neuen Fährtensucher entging nichts. – Hier hatten Kudus vor einigen Tagen kleine orangegelbe Wildfrüchte angenommen, welche in großer Zahl unter einer Baumkrone lagen, dort hatte ein Bulle im Schatten gelagert. Immer wieder gab es die verschiedensten Anzeichen ihres Vorkommens. Freilich überwogen die weiblichen Tiere; sie zogen in Rudeln und traten breite Wechsel in der leicht schwarzen Erde am Rand der Felshänge aus. Die weitaus stärkeren Fährten der Bullen waren gut erkennbar. Leider gelang es uns aber nicht, sie einzuholen. Sie waren zu alt, oder die Großantilope flüchtete sich in Einstände, die ihr völligen Schutz boten und jede Annäherung eines Menschen sofort verrieten.

Dann kam das erste schwere Tropengewitter, furchtbar in seiner Wucht. Die entfesselten Naturgewalten tobten sich aus. Blitze in den sonderbarsten Formen erhellten den schwarzen Nachthimmel. Der Donner grollte in den Bergwänden wider, ein kurzer, schwerer Regen tränkte das durstende Land. Ich war unterwegs gewesen, flüchtete mit den Eingeborenen unter einen überhängenden Felsbrocken und wartete – fröstelnd durch die jähe Abkühlung – das Ende ab.

Auch in Afrika ist das Wild nach einem schweren Regenguß gerne außerhalb seiner Einstände. Der erste Regen ließ meine Hoffnung also wieder steigen. Vom Unterschlupf aus erspähte ich eine Herde Kuhantilopen, sah einen Schirrbock durchs Gelände wechseln und vernahm das Keckern der kleinen grünen Meerkatzen, die vielleicht irgendwo in den Felsen ein Stück Raubwild, wohl eine bunte Pardelkatze, entdeckt hatten.

Wir pirschten am Rand der Ebene die Felshänge entlang. Es dauerte gar nicht lange, und wir trafen wirklich auf die frischen Fährten zweier Kudubullen. Wir prüften den Luftzug und ließen größte Vorsicht walten. Die Eindrücke führten zu einer nahen Buschwaldparzelle. Da! Schlagartig ein arges Poltern – zwei starke Bullen sprangen keine hundert Meter vor uns ab. Jeder flüchtete in eine andere Richtung. Einem gelang es, in wenigen Sprüngen in den Felsen zu verschwinden, der andere nahm eine offene Fläche im Talkessel an, um den jenseitigen Hang zu erreichen. Das war sein Fehler! Seine Flucht lief in langsamen Troll aus. Auf ungefähr achtzig Schritt Entfernung riß ihn die schwere Kugel hoch. Der Bulle flüchtete wenige Meter weiter, dann begann er zu taumeln. Im Zielfernrohr sah ich roten Schweiß hinter dem Schulterblatt hervorquellen und über den großen Wildkörper rinnen.

Schließlich brach der Kudu verendend zusammen. Ganz langsam, voll innerlicher Freude, näherte ich mich der seltenen Beute. In tiefem Glücksgefühl durchkostete ich in den wenigen Minuten, bis ich das schöne hohe Gehörn dieses zentralafrikanischen Großen Kudus in Händen hielt, mein spannendes Jagderlebnis. Alle Mühen waren vergessen. Vor mir lag eines der prächtigsten Beutestücke Afrikas.

Das Kupferhohlspitzgeschoß aus meiner schnittigen Doppelbüchse 9,3 x 74 R hatte die Lunge des Kudubullen zerrissen und seinen raschen Tod herbeigeführt. Dem berühmten Buch von Rowland Ward, „Records of Big Game“, zufolge, war das Gehörn eine Rekordtrophäe!

Nachdem ich das Fleisch an die Eingeborenen verteilt und das Gehörn gereinigt hatte, reiste ich einige Tage später in die Hauptstadt der Tschadkolonie, Fort-Lamy, ab, um neue Abenteuer zu bestehen...

Ernst A. Zwilling

Der Wildnis verfallen!

Rotbüffel sind für die Eingeborenen des Urwaldes und der Savanne eine verlockende Beute. Die Wildrinder haben ein größeres Gewicht als die Moor- oder Wasserbockantilopen der Waldrandgebiete, geben mehr Wildbret und schmecken saftig und gut. Ihre Decke findet bei der Herstellung von Schilden und Sandalen Verwendung, auch Seile und Stricke lassen sich daraus fertigen. Kurz, steil und nach rückwärts gebogen, sind die Hörner als Trinkgefäße bei den Häuptlingen begehrt und geschätzt. Überdies ziert ein Büffelschädel den Fetischbaum jedes Negerdorfes – Symbol der Tapferkeit der Dorfinsassen. Die schwarzen Jäger sind flink, behend und wissen um die Gefahr. Schlangengleich verstehen sie es, einem Angriff auszuweichen und sich in Sicherheit zu bringen. Aber nicht immer gelingt es!

Haito und seine Gefährten zählten zu den besten Büffeljägern. Haito war Häuptling eines kleinen Dorfes, in dem ich einige Tage gelagert hatte. Wenn es galt, mit mir auf die Jagd zu gehen, ließ er in seinem kleinen Reich alles liegen und stehen und kam mit mir. So auch damals. Im hohen Savannengras brachte ich einen starken Rotbüffel zur Strecke. Auf den Schuß hin raste eine vielköpfige Herde auf uns zu, die – im mehrere Meter hohen Sisango verborgen – geäst hatte. Um sie zum Abschrecken zu bringen, opferte ich eine Patrone. Ein Teil der Büffel drehte tatsächlich ab, der andere aber raste blindlings weiter. Immer näher kamen sie. „Schieß, Massa, schieß, sonst sind wir verloren! Schieß auf das erste Stück, die Büffel haben keinen Ausweg!" – Da drückte ich ein zweites Mal ab, ruhig und überlegt. Der vorderste Rotbüffel überschlug sich und fiel uns fast vor die Füße, die anderen wendeten zu unserem Glück. Wir atmeten auf. Ein Davonlaufen hätte den Tod bedeutet; wir wären überrannt und in den Boden gestampft worden.

Die Jagd ging weiter. Ein neuer Rotbüffeltrupp war ausgemacht worden, und die Eingeborenen umstellten ihn lautlos. Diese wilden Kerle jagten mit vergifteten Speeren und hatten im

Dickicht naturgemäß ihre größten Erfolge. Auch Haito braute das Gift selbst. Einmal verwendete er ein Blutgift, ein andermal ein tödliches Nervengift. Die dunkle, breiige Masse wurde auf die Speerspitze hinter den Widerhaken aufgetragen. Ich wollte unbedingt diese Art des Jagens kennenlernen und erleben, wie uriges Wild mit primitivsten Waffen erlegt wird.

Auf einmal war alles still. Keiner der gelenkigen, halbnackten schwarzen Burschen mit ihren sehnigen Gestalten und muskulös glänzenden Körpern war zu sehen, nur Laubgewirr um mich herum. Haito kroch wie eine Raubkatze bei gutem Wind an einen der Büffel heran und schleuderte seinen Giftspeer. Oft hatte er so Rotbüffel erjagen könne, doch dieses Mal sollte es seinen Tod bedeuten. Der waidwunde Büffel nahm Haito überraschend auf die Hörner und schlitzte ihm mit den nach innen gebogenen Waffen die Bauchdecke auf. Dem armen Kerl quollen die Gedärme heraus, und er wälzte sich in seinem Blut. Ich konnte nicht mehr helfen. Nach wenigen Minuten war der tapfere Büffeljäger verschieden.

Wir folgten der Fluchtfährte. Nach kurzer Zeit entdeckte ein schwarzer Helfer die Vorderläufe des Rotbüffels im Dickicht. Das wehrhafte Großwild, leicht angeschweißt und somit besonders angriffslustig, lauerte darauf, mich aus nächster Nähe zu überrumpeln. Darum galt es rasch zu handeln, ehe der Büffel auf uns losstürzte und erneut Unheil anrichtete. Bedächtig fuhr ich mit der Doppelbüchse die Vorderläufe hoch, bis ich das Gefühl hatte, auf dem Stich zu sein. Sicherheitshalber feuerte ich beide Läufe nacheinander ab. Grausiges Stöhnen. Mit schußbereitem Gewehr umging ich die Stelle und pirschte mich von hinten an den Rotbüffel heran. Vorsichtig setzte ich Schritt vor Schritt, aber der Büffel lag bereits verendet; die Schüsse saßen gut.

Der Sitte entsprechend wurde das Gehörn, das Haitos Tod verursacht hatte, am Fetischbaum unweit seiner Häuptlingshütte aufgehängt. Ich vergiftete es mit Arsenik und rieb es mit petroleumhaltiger Vaseline ein, damit es die Dermesteslarven nicht zerstören konnten...

Auf der Fährte eines krankgeschossenen Büffels ist besondere

Vorsicht geboten, will der Jäger nicht sein Leben aufs Spiel setzen. Der kranke Büffel wird ein Stück flüchtig; innerhalb der Deckung verläßt er dann seine Richtung, geht im halben Bogen zurück und erwartet den nachhängenden Jäger. Rettung vor dem meist von hinten annehmenden Büffel bringt nur ein sofort tödlicher Schuß. Solange der Mensch auf Büffel jagen wird, solange wird diese Jagd ihre Opfer fordern. Der Büffel kämpft bis zum Ende. Er läßt nicht eher von seinem Feind ab, bis dieser zu einer unkenntlichen Masse zerstampft worden ist.

Auch mein Leben war durch Büffel mehr als einmal gefährdet. Auf dem Hochplateau, einem idealen Rückzugsgebiet für zahlreiches Wild, überraschte ich eines Tages auf einer freien Grasfläche nahe einem schmalen Baumgürtel eine starke Herde Büffel. Ich pirschte, streckenweise kriechend, vorwärts und konnte bald das Abrupfen des Grases und das heisere Brüllen vernehmen. Bis auf etwa sechzig Schritt war ich an die Büffel herangekommen, als sie mich eräugten und neugierig auf mich zuwechselten. Damals hatte ich noch wenig Erfahrung in der Büffeljagd und dachte, sie wollten mich annehmen. Da schickte ich dem stärksten Bullen die Kugel entgegen. Im Nu machte die ganze Herde auf der Hinterhand kehrt, Staub wirbelte hoch, und es war unmöglich, einen zweiten Schuß anzubringen. Die Tiere flüchteten auf eine stark bewachsene Schlucht zu.

Ich wollte sofort nachsuchen und glaubte, der kranke Büffel sei bei der Herde geblieben. Das war freilich ein Trugschluß, denn ein krankes Wild pflegt sich immer von den Gefährten abzusondern. Ungestüm folgte ich der Schweißfährte, die sich ziemlich deutlich zur Felswand hinzog. Ich war schußbereit, warf einige Steine in das fast undurchdringliche Dickicht, aber nichts rührte sich. Ich wollte weiter folgen, da brach es plötzlich im Blätterwerk. Heraus kam der Büffelbulle, Schaum am Äser, ein Bild der Wut! In windender Fahrt nahm er mich an. Ich schoß aus beiden Läufen zugleich. Die schweren Kaliber zertrümmerten ihm die Schädeldecke. Der Recke verendete auf der Stelle.

Das war nahe, aber es sollte noch dicker kommen. An einem Tag in der kleinen Regenzeit kroch unsere Karawane langsam wie ein schwarzer Wurm den schmalen Negerpfad durchs weite Savannenland. Vier kräftige Boys trugen mich im bequemen Tragestuhl auf ihren Schultern. Malariaanfälle hatten meine Gesundheit zermürbt, und so mußte ich auf dieses „Verkehrsmittel" umsteigen... Fieber und Schüttelfrost peinigten mich, und doch begann sich mein Appetit schon wieder zu regen. Die geschmorte Keule einer Kameruner Zwergziege brachte mir meine Lebensgeister allmählich zurück.

Den Schwarzen machte es sichtlich Spaß, mich im Tipoy tragen zu können. Auf hoher Warte hielt ich die Spitze. Die Burschen liefen der übrigen Kolonne voraus, der Abstand zwischen den Trägern und unserer Vorhut mehrte sich immerzu. In luftiger Höhe überblickte ich die weite Wildnis vor mir, ohne mich anstrengen zu müssen. Zuweilen erschwerte ein ausgewaschener Weg das Vorwärtskommen. Alle zwei Stunden gab es für meine Träger eine kurze Rast.

Die Sonne stand hoch, und zu meiner großen Überraschung sah ich in einer etwa dreihundert Meter entfernten Mulde zwei Rotbüffel äsen. Sofort ließ ich anhalten, stieg von meinem Tipoy ab und lud den 9-mm-Repetierer. Es war zwar eine ausgesprochene Büffelgegend, doch spät am Vormittag kein alltägliches Ereignis, die Wildrinder in der offenen Savanne direkt am Pfad zu sichten.

Vom Fieber, das immer wieder aufgetreten war, spürte ich in meiner Erregung nichts mehr. Ganz allein kroch ich gebückt vorwärts. Einige Meter mußte ich robben. Dann war ich auf etwa achtzig Schritt heran und schoß dem nächststehenden Rotbüffel gezielt aufs Blatt. Die Kugel warf ihn sofort um. Die auf den Schuß hin flüchtende Büffelkuh bekam die Kugel in der Schnelligkeit nur hingeworfen. Kein Zeichen war zu erkennen.

Als meine Trägerkarawane nachgekommen war und ich einige Eingeborene mit dem Aufbrechen beauftragt hatte, ging die Nachsuche los. Zuerst fanden wir nichts, dann lag aber in der Fluchtfährte doch viel hellroter, blasiger Schweiß. Ich vermutete einen Lungenschuß. Mit zwei Männern suchte ich die nähere Umgebung ab und fand weitere Schweißtropfen, die sich in kurzen Strecken mehrten. Der Wind stand schlecht. Hastig folgten wir der Wundspur. In einem argen Dickicht vernahmen wir dann das dumpfe Grollen und das Stöhnen der eingestellten Büffelkuh. Jeden Augenblick erwartete ich den Angriff. Doch nichts geschah. Sie wurde abermals flüchtig, stellte sich noch einmal ein und war bei unserem Herankommen wieder weg. Verdrossen kehrte ich zu meinen Trägern zurück. Sie kannten einen Wasserlauf, an den sich eine kleine Eingeborenenfarm anschloß. Wir marschierten noch ein kurzes Stück zu den paar Strohhütten, und ich schlug ein provisorisches Lager auf.

Gleich ein Dutzend Dorfbewohner erklärten sich bereit, mir bei der weiteren Suche nach dem angeschweißten Wildrind helfen zu wollen. Das kranke Tier mußte von seinem Leiden erlöst werden – das ist das sittliche und moralische Gesetz eines jeden aufrechten Jägers –, und diese Verpflichtung ließ mich meine körperliche Schwäche vergessen.

Am nächsten Morgen ging es mit einem Fährtensucher, einigen Speerträgern und einem Troß Weiber zur weiteren Verfolgung. Im ersten Wundbett fanden wir Knochensplitter und, zu meinem Entsetzen, auch herausgebrochene Teile des Unterkiefers. Nun war ich über den Sitz des Schusses und die Herkunft des blasigen Schweißes im Bild!

Viele Stunden jagten wir der immer wieder bogenschlagend ins Dickicht führenden Wundfährte nach. Es wurde wieder Abend, und die nahende Dunkelheit zwang mich erneut ins Lager zurück. Mittlerweile hatten sich die Träger beeilt, den toten Büffelbullen zu zerwirken. In großen Bündeln trugen sie das Fleisch auf ihren Köpfen zum Dorf. Eine schlaflose Nacht, in der ich den verhängnisvoll hingeworfenen Schuß ständig vor Augen hatte, ging nur langsam an mir vorüber.

Der Morgen war grau und nebelverhangen. Ich war längst angezogen, rasiert und hatte rasch das karge Frühstück eingenommen. Sechs Schwarze standen mit ihren kurzen Widerhakenspeeren und scharfen Buschmessern zum Abmarsch in die menschenleere Baumsavanne bereit. Unserem Zug folgten vier Weiber mit großen Tragekörben auf den Rücken. Insgeheim hofften sie, daß die Büffelkuh nachts schon verendet sei und wir sie bald finden würden. Die Enttäuschung war groß – wir fanden sie nicht.

Im taunassen Savannenboden konnte die Fährte leicht gehalten werden. Vereinzelte Blutstropfen führten uns zu einem neuen Wundlager. Es griff sich noch warm an. Langsam verging die Zeit. Die Spur zog sich in ein elendes Gelände: Pflanzengewirr, Sträucher und meterhohes Gras. Schußbereit hielt ich die Spitze. Irgendwie spürte ich, daß in den nächsten Minuten Gefahr auf mich zukommen würde...

Da! An einer unübersichtlichen Stelle war mein nächster Begleiter wie vom Erdboden verschluckt. Mit tiefgesenktem Haupt stürzte die alte Rotbüffelkuh auf mich zu. Ich lag schon auf der Nase, als ich blitzschnell schoß, doch die Kugel saß wieder nicht im Leben. Die angreifende Büffelkuh nimmt mich auf das nach innen gebogene, kurze Gehörn und schleudert mich ins Gras. In Todesangst schreie ich auf, falle wie ein Sack zu Boden, raffe mich wieder hoch und packe das tobende Rind an seinen glatten Hörnern. Kurz kann ich mich festhalten. Die wütende Bestie versucht mich abzustreifen und stößt neuerdings auf meinen Körper ein. Jetzt entdecke ich, daß mein erster Schuß ihren Äser zerschmettert hat. Somit sind die Stöße nicht mehr von äußerster Kraft, aber die Büffelkuh läßt von mir nicht ab. Unentwegt versucht sie, mich aufzuspießen. Daß sie mich nicht zu Brei zerstampft, kann in dieser Situation als Ausnahmefall, als beispielloses Glück bezeichnet werden...

Mittlerweile hatten die Schwarzen in ihrer höllischen Angst einige nahe, krüppelige Bäume erklettert. Endlich warfen sie auf meine Rufe hin ihre Speere. Sechs kräftige Wurflanzen durchbohrten den Büffelrücken. Augenblicklich ließ das kranke Wildrind von mir ab und wandte sich den neuen Angreifern auf den Bäumen entgegen. Diese Sekunden nützte ich, um auf den nächstbesten Savannenbaum zu springen und an ihm hochzuklettern.

Ich war verletzt und hatte starke Schmerzen. Mein Tropenhelm lag zerwühlt auf dem Kampfplatz, daneben mein Gewehr. Es schien noch intakt. Die Büffelkuh, der ich für einige Augenblicke entkommen war, entdeckte mich sofort und stürmte auf meinen Baum zu. Die furchtbaren Waffen der Eingeborenen hatten keinerlei Wirkung gezeigt. Ich hielt mich mit aller Kraft in den Ästen fest. Auf dem Stamm des knorrigen, niederen Baumes marschierte eine Legion Ameisen einher. Das schnaubende Hornvieh wartete, bis ich herunterfallen würde: Es schien zu wissen, daß ich die Schuld an seinem schweren Leiden trug...

Bange Minuten verstrichen. Ich blutete aus vielen kleinen Wunden – ein Labsal für die bissigen Ameisen! Über mir hing noch ein Schwarzer. Sein dreckiger Lendenschurz bewahrte mich an Stelle des Tropenhelms vor einem Sonnenstich. Der todwunde, massige Körper der Rotbüffelkuh rannte mit unentwegter Wucht gegen den Stamm und wollte uns wie reife Pflaumen abschütteln.

Einer der Schwarzen besaß so viel Mut, vorsichtig von seinem „Rettungsbaum" herunterzusteigen und meinen Repetierer an sich zu nehmen. Von Baum zu Baum wurde mir das Gewehr gereicht. Sofort hatte ich durchgeladen und den tödlichen Fangschuß angebracht. Das tapfere Wildrind brach zusammen.

Unter Freudengeheul sprangen die Eingeborenen von ihren Bäumen. Auch die Weiber kamen wieder hervor. Sofort stürzten sie sich auf die Beute. Ich aber lag zerschlagen im Gras und war glücklich, dem Tod entronnen zu sein. Mit dem Jagdmesser zerschnitt ich mein Hemd und verband notdürftig meine Blessuren.

Der Heimweg zog sich. Am Ende der schwer mit Wildbret beladenen Kolonne humpelte ich zu den Eingeborenenhütten. Spät in der Finsternis trafen wir ein. Noch in der Nacht kamen das Wundfieber und der Schüttelfrost. Ich bat die Leute, mir eine Tragbahre aus Palmrippen anzufertigen und mich zum nächstgelegenen Regierungsposten zu schaffen. Entsetzlich langsam stapfte die Karawane auf dem unwegsamen Pfad durch die menschenleere, unendlich grüne Landschaft.

Schmutzig und blutverschmiert betrat ich nach etlichen Kilometern das hübsche Tropenhaus des französischen Administrators. Er saß eben im Wohnzimmer vor dem geheizten Kamin und las seiner Frau aus einem Buch vor. Bei meinem Anblick erschrak Monsieur Schulmonter. Einer seiner schwarzen Burschen führte mich sogleich ins nahe Eingeborenenhospital. Der Heilgehilfe, ein gut ausgebildeter Schwarzer, verabreichte mir vorerst einmal eine Tetanusspritze und verband dann fachgerecht meine verkrusteten Wunden.

Die Familie Schulmonter nahm mich für einige Tage auf. Wir setzten uns zu Tisch, und nach einem stärkenden guten Kognak mußte ich bis spät in die Nacht hinein von meinen aufregenden Büffeljagden erzählen. – Das Abenteuer mit der angeschossenen Büffelkuh war meine Feuertaufe für das Leben im Urwald gewesen. Von nun an war ich der Wildnis vollends verfallen…

Ernst Alexander Zwilling, geb. 1904 als Sohn eines k.u.k. Offiziers in Esseg. Seine Kindheit und Jugend verbrachte er in Wien, studierte Landwirtschaft und arbeitete anschließend als Verwalter auf mehreren Gütern in Norddeutschland und Österreich. 1928 kam er erstmals nach Afrika, wo er als Assistent auf einer Plantage in Französisch-Kamerun arbeitete. Von dort aus begann er seine zahlreichen Expeditionen in das Innere des Schwarzen Kontinents. Während des Zweiten Weltkrieges war Zwilling beim Afrika-Korps eingesetzt. 1950 kehrte er wieder in das damals französische Äquatorialafrika zurück. Ab 1958 war Ostafrika sein bevorzugtes Tätigkeitsgebiet. In Kampala, der Hauptstadt Ugandas, gründete er ein privates Safariunternehmen.

1971 wurde Zwilling mit dem Berufstitel „Professor“ ausgezeichnet, und die Bundeshauptstadt Wien verlieh ihm die Silberne Ehrenmedaille für besondere Verdienste. Das Bundesland Niederösterreich würdigte mit dem Großen Ehrenzeichen die Arbeit des weltbekannten Forschers. Bis kurz vor seinem Tod im Oktober 1990 führte Zwilling noch Foto- und Jagdsafaris in verschiedenen Ländern Afrikas durch.

Literaturverzeichnis

Beck, Wolfgang Freiherr von, Beute von heute
Leopold Stocker Verlag, Graz 1979.

Dobschova, Fritz, Mit Büchse, Flinte, Hund!
Leopold Stocker Verlag, Graz 1993.

Gehrer, Josef, Abenteuer Jagdrevier
Leopold Stocker Verlag, Graz 1977.

Hohenlohe-Jagstberg, Albrecht Fürst zu, Jagen – ein Leben lang
Leopold Stocker Verlag, Graz 1990.

Horneck, Heribert, Die Stille lügt nicht
Leopold Stocker Verlag, Graz 1962.

Jansen, Wolfgang, Waidmannsdank – kein leeres Wort!
Leopold Stocker Verlag, Graz 1993.

Löns, Hermann, Mümmelmann
Voigtländer Verlag, Leipzig 1909.

Martin, Wolfram, Abschied von Elan
Leopold Stocker Verlag, Graz 1994.

Meran, Philipp Graf, … und übrig blieb die Jagd
Leopold Stocker Verlag, Graz 1994.

Müller, Edmund, Das weite Reich der Jagd
Leopold Stocker Verlag, Graz 1984.

Puvak, Josef, Bären in den Karpaten
Leopold Stocker Verlag, Graz 1994.

Skal, Ottokar J. von, Jagdparadies Alaska
Leopold Stocker Verlag, Graz 1982.

Schwarz, Rudolf, Auf frischer Fährte
Leopold Stocker Verlag, Graz 1990.

Schwerin, Hans Joachim von, ... und hab ein weit Revier
Leopold Stocker Verlag, Graz 1977.

Studnitz, Gotthilft von, Mein Jagdbuch
Leopold Stocker Verlag, Graz 1982.

Walzel, Clemens Georg von, Der Wanderhirsch
Leopold Stocker Verlag, Graz 1988.

Weber, Karl, ... doch Jäger waren da!
Leopold Stocker Verlag, Graz 1989.

Wosilovsky, Eduard von, Was blieb, war das Weidwerk
Leopold Stocker Verlag, Graz 1994.

Wunschheim, Alfons von, Jagd vorbei!
Leopold Stocker Verlag, Graz 1991.

Zechner, Peter, Jagern zwischen Au und Gamsgebirg'
Leopold Stocker Verlag, Graz 1993.

Zwilling, Ernst A., Der Wildnis verfallen!
Leopold Stocker Verlag, Graz 1991.